"十四五"职业教育国家规划教材

e-Marketing

网络营销

概念、工具、方法、实战（第2版）

主　编　金静梅
副主编　林　渊　俞国红　鲍　婷
参　编　程　朦

北京理工大学出版社
BEIJING INSTITUTE OF TECHNOLOGY PRESS

内 容 提 要

本书是关于网络营销的入门教材。全书依据课程特点结合学生的认知规律和学习习惯采用"模块—项目—任务—同步实训"的编写体例，包括网络营销概述、网络营销工具和方法、网络营销实战三个模块，其中网络营销工具和方法模块包含SEO营销、微信营销、APP营销、软文营销、微博营销、二维码营销、事件营销、网络视频营销、社群营销等常用的网络营销方法。

本书深度挖掘思政元素，寓价值观引导于知识传授和能力培养之中，融"教、学、训、育人"四者于一体，适合"项目化、理论实践一体化"的教学模式。本书讲解翔实，文字通俗易懂，图文并茂，资源丰富。

本书可作为电子商务类专业或营销培训班的教材，也可作为互联网营销从业者的专业技术参考书。

版权专有　侵权必究

图书在版编目（CIP）数据

网络营销：概念、工具、方法、实战 / 金静梅主编
. -- 2版. -- 北京：北京理工大学出版社，2022.1（2023.8重印）
ISBN 978-7-5763-0968-3

Ⅰ. ①网… Ⅱ. ①金… Ⅲ. ①网络营销—教材 Ⅳ.
①F713.365.2

中国版本图书馆CIP数据核字(2022)第028987号

出版发行 /	北京理工大学出版社有限责任公司
社　　址 /	北京市海淀区中关村南大街5号
邮　　编 /	100081
电　　话 /	(010) 68914775（总编室）
	(010) 82562903（教材售后服务热线）
	(010) 68944723（其他图书服务热线）
网　　址 /	http://www.bitpress.com.cn
经　　销 /	全国各地新华书店
印　　刷 /	北京广达印刷有限公司
开　　本 /	787毫米 × 1092毫米　1/16
印　　张 /	14.75
字　　数 /	364千字
版　　次 /	2022年1月第2版　2023年8月第4次印刷
定　　价 /	58.00元

责任编辑 /	徐春英
文案编辑 /	徐春英
责任校对 /	周瑞红
责任印制 /	施胜娟

图书出现印装质量问题，请拨打售后服务热线，本社负责调换

第2版前言

当代中国已进入新的时代，正经历着我国历史上广泛而深刻的变革，也正在进行着人类历史上宏大而独特的实践创新。面对新时代高等职业教育"三教"改革、"课程思政"建设的大背景，本书也需要不断充实和完善。本书第1版在2018年出版，得到广大读者的好评，多次印刷并被多所高校选为教材，第1版被列入"十三五"职业教育国家规划教材。第2版教材定位仍为"网络营销入门"教材，根据教材使用中教师和学生的意见和建议，这一版在单元编写形式、内容组织、学习目标、资源建设等方面较以前版本做了大量的改进。具体改进如下：

（1）优化单元编写形式。教材的每个任务按照问题引入—解决方法—任务实施—同步实训—任务小结的编写形式，在单元编写形式上新增同步实训和任务小结。

（2）更新内容。在第1版教材出版后的3年时间里，网络营销工具和方法都有了新发展，网络视频营销、社群营销等成为网络营销热点，引领网络营销不断发展。

（3）学习目标中增加素质目标，发挥课程育人作用。"网络营销"课程在专业技能培养过程中，积极引导学生了解国情、国家政策，增强民族自信；端正理想、信念、价值观；提升法治意识；提高道德修养，成为爱岗敬业、有担当、守正创新、开拓创新、勇于奋斗的时代新人。教材编写团队深入挖掘课程思政元素，将党的二十大精神有机融入教材。例如：案例"一瓶酱油的走心整合营销"，体现亲情、守护、家、幸福等和谐元素，贯彻落实党的二十大精神，推动"社会主义核心价值观广泛传播"；案例"区块链+宜宾'果真蔬心'绿色造型果蔬创意工坊市场调研报告"，体现区块链与实体经济融合发展，反映了当下区块链技术赋能地方数字经济发展，体现健康、绿色理念，是党的二十大报告中加快建设"数字中国""推动绿色发展"精神的体现；案例"海尔'砸冰箱'事件"，体现了中国人认真、进取、自强不息、注重企业管理、注重产品质量等特点，是党的二十大报告中"弘扬劳动精神、奋斗精神"的体现。

（4）教材配套资源更丰富。教材配套资源仍以二维码形式呈现，第2版中新增课程思政资源25个，新增拓展资源31个，新增课后测试资源2个，新增微课资源12个。同时向授课教师开放PPT课件、期末试卷、教案、课程标准、授课计划、在线教学平台等资源。

本书由金静梅主编。具体编写分工如下：项目1~2、项目11由苏州健雄职业技术学院林渊编写，项目3由苏州健雄职业技术学院俞国红编写，项目4~8、项目10由苏州健雄职业技术学院金静梅编写，项目9、项目12由湖北生态工程职业技术学院鲍婷编写。湖北生物科技职业学院程朦承担了大量资料收集和整理工作。

本书第2版编写过程中，得到了苏州健雄职业技术学院、北京理工大学出版社、太仓市电子商务协会、江苏五洋集团有限公司的大力支持和帮助，在此表示衷心感谢。感谢广大读者给予的意见和建议，还要感谢亲人的关心和理解。

在本书修订过程中，参考了大量文献，努力使修订内容更科学合理，通俗易懂。编者水平有限，书中难免有错误和疏漏之处，敬请广大读者批评指正。欢迎任课教师与编者（jinjm@csit.edu.cn）联系获取所需资料。

第1版前言

本书是江苏省示范性高等职业院校建设项目的成果之一，同时也是"网络营销入门"教材。本书面向初级、中级用户，按照"模块—项目—任务"的编写体例由浅入深地阐述了如何使用网络营销工具和方法开展网络营销。本书构思科学合理，语言表述清晰，有以下三个特色。

1. 打破传统学科模式的编写体例

本书按照模块、项目、工作任务、项目小结、习题来组织内容，以工作任务为中心整合网络营销理论与实践，实现"教、学、做"合一，遵循"必需、够用"的原则选取理论知识的内容。

2. 突出学生实践能力的培养

本书从内容选取、教学方法、学习指导等方面体现项目课程改革的思路，强调学生应用能力的培养。本书通过工作任务的设置、相关实训拓展等环节的安排，强化学生技能的训练。

3. 彰显高职教材实用性的特点

本书以工作任务的解决过程辅以相关理论学习的方式，教授学习者使用工具开展网络营销，由浅入深地指导学习者有效地掌握网络营销实用技术。本书概念准确、图文并茂、通俗易懂，便于教师教学及学生学习。本书改革传统的知识体系，以职业核心能力培养为主线，以项目为载体，按照工作任务逻辑构建教学内容，将教学内容设计为"网络营销概述""网络营销工具和方法"和"网络营销实战"三个层次递进的模块，每模块划分为若干项目，各项目以教学任务形式组织内容。全书分为三个模块共10个学习项目。各模块具体内容如下：

> 模块1 网络营销概述，主要包含初识网络营销、网络市场调研与分析。
> 模块2 网络营销工具和方法，主要包含SEO营销、微信营销、APP营销、软文营销、微博营销、二维码营销和事件营销。
> 模块3 网络营销实战，主要包含实战案例。

本书由长期从事网络营销教学工作的一线教师编写，本书项目1～2由苏州健雄职业技术学院林渊编写，项目3由苏州健雄职业技术学院俞国红编写，项目4～8由苏州健雄职业技术学院金静梅编写，项目9～10由湖北生态工程职业技术学院鲍婷编写。湖北生物科技职业学院程朦承担了大量资料收集和整理的工作。

在编写过程中，得到了苏州健雄职业技术学院、北京理工大学出版社、太仓市电子商务协会的大力支持和帮助，在此表示衷心感谢。

由于时间仓促，再加上编者水平有限，书中难免有错误和疏漏之处，敬请广大读者批评指正。欢迎任课教师与编者（chivas_yeti@163.com）联系获取所需资料。

金静梅

目录 CONTENTS

模块 1　网络营销概述

项目 1　初识网络营销 ……………………………………………………………… 3
　　任务 1　认识网络营销岗位 ……………………………………………………… 4
　　任务 2　了解网络营销的产生和发展 …………………………………………… 10
　　任务 3　知晓网络营销的特点及功能 …………………………………………… 13

项目 2　网络市场调研与分析 …………………………………………………… 21
　　任务 1　使用网络问卷进行调研 ………………………………………………… 22
　　任务 2　撰写网络调研报告 ……………………………………………………… 30
　　任务 3　网络消费者群体分析 …………………………………………………… 34

模块 2　网络营销工具和方法

项目 3　SEO 营销 ………………………………………………………………… 43
　　任务 1　认识 SEO ………………………………………………………………… 44
　　任务 2　关键词优化策略 ………………………………………………………… 49
　　任务 3　SEO 效果分析 …………………………………………………………… 54

项目 4　微信营销 ………………………………………………………………… 59
　　任务 1　认识微信营销 …………………………………………………………… 60
　　任务 2　使用微信 ………………………………………………………………… 64
　　任务 3　微信个人号营销 ………………………………………………………… 74
　　任务 4　微信公众号营销 ………………………………………………………… 79

项目 5　APP 营销 ………………………………………………………………… 93
　　任务 1　认识 APP 营销 …………………………………………………………… 94
　　任务 2　了解 APP 营销模式 ……………………………………………………… 98
　　任务 3　领会 APP 营销技巧 ……………………………………………………… 101
　　任务 4　APP 营销案例展示 ……………………………………………………… 106

项目 6　软文营销 ………………………………………………………………… 111
　　任务 1　认识软文营销 …………………………………………………………… 112
　　任务 2　走进软文世界 …………………………………………………………… 114
　　任务 3　撰写软文 ………………………………………………………………… 119

　　　　任务4　发布软文 ·· 128

项目7　微博营销 ·· 132
　　　　任务1　认识微博营销 ·· 133
　　　　任务2　使用微博 ·· 138
　　　　任务3　微博内容建设和运营 ··· 144
　　　　任务4　领会微博营销技巧 ··· 149
　　　　任务5　微博营销案例展示 ··· 156

项目8　二维码营销 ·· 163
　　　　任务1　认识二维码营销 ·· 164
　　　　任务2　了解二维码营销技巧 ··· 168
　　　　任务3　选择二维码营销渠道 ··· 172

项目9　事件营销 ··· 175
　　　　任务1　认识事件营销 ·· 176
　　　　任务2　了解事件营销技巧及要点 ··· 179
　　　　任务3　事件营销案例展示 ··· 183

项目10　网络视频营销 ·· 187
　　　　任务1　认识网络视频营销 ··· 188
　　　　任务2　制作及发布营销视频 ··· 192
　　　　任务3　领会网络视频营销策略 ··· 194

项目11　社群营销 ··· 200
　　　　任务1　认识社群与社群营销 ··· 201
　　　　任务2　创建社群 ·· 204
　　　　任务3　策划并开展社群活动 ··· 209

模块3　网络营销实战

项目12　实战案例——《网络营销——概念、工具、方法、实战》
　　　　　　　图书的推广与营销 ·· 217
　　　　实战1　使用百度推广 ·· 218
　　　　实战2　使用问答推广 ·· 222
　　　　实战3　使用论坛推广 ·· 223
　　　　实战4　使用微信营销 ·· 224
　　　　实战5　使用微博营销 ·· 225
　　　　实战6　使用二维码营销 ·· 225

参考文献 ··· 227

模块 1 网络营销概述

● 模块概述

网络营销作为新的营销方式和营销手段，有利于企业实现营销目标，帮助企业开拓市场、获取效益、提升企业核心竞争力。开展网络营销活动，需要了解和认识网络营销，能够开展网络市场调研并分析和撰写调查报告。

● 内容构成

项目1　初识网络营销
项目2　网络市场调研与分析

项目 1
初识网络营销

● 项目概述

伴随着网络的快速发展,网络营销逐步成为现代营销的基本形式,对企业的作用也越来越大,网络营销也体现出了极强的生命力和发展前景。网络营销是企业获取效益的发动机;是提升企业核心竞争力的一把金钥匙。要开展网络营销,就必须对网络营销有一个基本的认识,本项目将带领大家了解网络营销人才需求状况及岗位要求,了解网络营销的概念、产生和发展、特点及功能。

● 学习目标

知识目标:
了解网络营销的产生和发展过程,掌握网络营销的概念、特点及功能。
能力目标:
能够准确表述网络营销的含义及功能,能够深刻认识网络营销的飞速发展为商业提供的新的发展机会。

● 思政目标

认识国情;深刻理解团队合作的思想精华,并在日常中应用;增强民族自信

● 工作任务

任务1　认识网络营销岗位
任务2　了解网络营销的产生和发展
任务3　知晓网络营销的特点及功能

任务1 认识网络营销岗位

问题引入▶

王琳是某高职院校电子商务专业的学生,刚学完网络营销课程,她打算利用暑假到企业进行网络营销实践。那么网络营销人才需求情况如何?企业中有哪些网络营销岗位?它们的岗位职责和要求是怎样的呢?

解决方法▶

中国电子商务的快速发展,需要大量的电子商务人才,网络营销是企业进军电子商务的切入点,目前我国网络营销人才缺口巨大。在企业中同网络营销相关的岗位有网络营销运营专员、网络营销经理、网络推广专员等。

任务实施▶

1. 网络营销人才需求

商务部《中国电子商务报告2020》中指出,2020年,全国电子商务交易额达37.21万亿元,同比增长4.5%,电子商务从业人员达6 015.33万人。我国已成为全球规模最大、发展速度最快的电子商务市场,如图1-1所示。来自CNNIC的数据显示,截至2020年12月,我国网民规模已达9.89亿,互联网普及率高达70.4%,网络购物用户规模达7.82亿,占网民整体的79.1%,网购成为消费增长的中坚力量,如图1-2所示。

图1-1 2011—2020年中国电子商务交易额

图1-2 网络购物用户规模及使用率

【课程思政】——认识国情

《中国电子商务报告2020》

《第47次中国互联网络发展状况统计报告》

2020年，网络营销产业规模已经突破万亿大关，达到10 457亿元。如此大的规模，表明网络营销仍保持高速发展。事实上，随着电子商务软、硬件环境的完善，电子商务相关政策、法律、规章和标准相继出台，以及电子商务市场逐步规范，越来越多的企业已经尝到了电子商务和网络营销的甜头，并拥有将其业务迁移到网络营销平台上的想法和规划。对于中小企业或小微企业来说，由于当下面临更为严峻的生存危机，因此其希望能够通过网络营销来获得"救命稻草"。而对于大型企业或传统企业来说，面对激烈的竞争压力和日益减少的利润，也期望能够通过网络营销来获得"第三利润来源"，以增强其核心竞争力。

众所周知，网络营销是一种成本低、效果好的新型营销方式，因此深得企业的青睐和欢迎。根据CNNIC提供的统计数据，截至目前，全国超过三分之一的企业设置了专职的网络营销岗位。前程无忧网统计数据显示，企业对互联网营销岗位的需求平均保持35%左右的年增长率，年净增岗位需求数量平均为35万~40万个。因此网络营销人才需求缺口很大，市场走俏。相对于其他行业，他们往往有着更好的职业发展前景和巨大的发展空间。

2. 网络营销岗位描述

近年来，随着互联网的普及和推广，网络营销应用已逐渐深入各行各业，企业纷纷设立电子商务或者网络营销部门开展公司业务。在企业里网络营销相关的岗位有网络营销运营专员、网络营销经理/运营经理、SEO专员、网络推广/网站推广专员、网站编辑/网络编辑、网络营销文案策划、新媒体营销专员等。

1）网络营销运营专员

【职位的概要描述】

负责公司网站品牌和产品的网络推广，根据公司总体市场战略及网站特点，确定网络推广目标和推广方案，熟悉所有的网络推广手段，能够运用各种技术对公司产品进行宣传推广，开发拓展合作的网络媒体，提出网站运营的改进意见和需求等。

【岗位职责】

（1）负责网站数据分析，运营提升；

（2）负责搜索竞价平台的管理；

（3）协助部门经理建设网络营销的商业流程体系；

（4）负责公司网站的规划落地执行；

（5）协助部门经理筹划建立部门管理体系，协助员工招聘、考核、管理，协助部门规划、总结。

【岗位要求】

（1）3年以上电子商务/网络营销工作经验；

（2）具备项目管理、营销策划、品牌策划、网络营销等理论知识和一定的实践经验；

（3）优秀的网络营销数据分析能力和丰富的分析经验；

（4）具备一定的文案能力和网站策划能力，对客户体验有深刻认识和独特领悟；

（5）对网络营销商业全流程都具备一定的认知和执行能力。

2）网络营销经理/运营经理

【职位的概要描述】

负责本部门整体运营工作，网站策划、营销策划、网站内容、推广策划等业务指导及部门员工的工作指导、监督、管理、考核。

【岗位职责】

（1）负责网络营销项目总策划，战略方向规划、商业全流程的规划和监督控制，对部门绩效目标达成总负责；

（2）负责网站平台的策划指导和监督执行；

（3）负责网站产品文案、品牌文案、资讯内容、专题内容等的撰写指导和监督执行；

（4）负责网站推广策略总制订，以及执行指导和监督管理；

（5）负责网站数据分析，运营提升；

（6）负责本部门的筹划建立，员工招聘、考核、管理，部门规划、总结。

【岗位要求】

（1）5年以上电子商务/网络营销工作经验，3年以上项目策划、运营经验；

（2）具备项目管理、营销策划、品牌策划、网络营销等系统的理论知识和丰富的实践经验；

（3）优秀的电子商务/网络营销项目策划运营能力，熟悉网络文化和特性，对各种网络营销推广手段都有实操经验；

（4）卓越的策略思维和创意发散能力，具备扎实的策划功底。

（5）优秀的文案能力，能撰写各种不同的方案、文案；

（6）对网络营销商业全流程都具备策划、运营、控制、执行能力；

（7）丰富的管理经验、优秀的团队管理能力。

3）SEO专员

【职位的概要描述】

负责网站关键词在各大搜索引擎中的排名，提升网站流量，增加网站用户数。

【岗位职责】

（1）运营搜索引擎到网站的自然流量，提升网站在各大搜索引擎的排名，对搜索流量负责；

（2）从事网络营销研究、分析与服务工作，评估关键词；

（3）对网站和第三方网站进行流量、数据或服务交换，或战略合作联盟，增加网站的流量和知名度；

（4）制定网站总体及阶段性推广计划，完成阶段性推广任务，负责网站注册用户数、PV、PR、访问量等综合指标；

（5）结合网站数据分析，对优化策略进行调整；

（6）了解网站业务，锁定关键字；站点内容强化，内部链接；外部链接建立；结合网站数据分析；扩展长尾词。

【岗位要求】

（1）两年以上 SEO 相关工作经验，有过大中型网站优化经验优先；

（2）掌握百度、360、搜狗等搜索引擎的基本排名规律，并精通以上各类搜索引擎的优化，包括站内优化、站外优化及内外部链接优化等；精通各种 SEO 推广手段，并在搜索引擎上的关键词排名给予显示；

（3）具有较强的网站关键字监控、竞争对手监控能力，有较强的数据分析能力，能定期对相关数据进行有效分析；

（4）具备和第三方网站进行流量、数据、反向链接或服务交换的公关能力。

4）网络推广/网站推广专员

【职位的概要描述】

负责企业线上免费推广和付费推广，利用网络的推广方式，提升企业的网络曝光度、知名度和美誉度，并对推广效果进行分析和总结，对网站、网店的有效流量负责。

【岗位职责】

（1）整合线上各种渠道（如搜索引擎、微博、微信、自媒体平台、直播平台、短视频平台、论坛等）推广企业的产品和服务；

（2）负责企业网络宣传平台的管理和维护，包括官方网站、官方微信公众号、官方微博、官方自媒体平台、官方短视频平台、官方直播平台、官方微店及官方 APP 等；

（3）熟悉网站、网店排名、流量原理，了解搜索引擎优化、网站检测等相关技术；

（4）跟踪网络营销推广效果，分析数据并反馈，总结经验。

【岗位要求】

（1）熟练掌握各种网络营销工具，包括搜索引擎、微博、微信、视频及短视频平台、网络视频剪辑软件、网络监控及统计软件等；

（2）了解各种网络营销方法、手段、流程，并有一定实操经验；

（3）卓越的策略思维和创意发散能力，具备扎实的策划功底；

（4）优秀的文案能力，能撰写各种不同的方案、文案；

（5）对网络文化、网络特性、网民心理具有深刻洞察和敏锐感知。

5）网站编辑/网络编辑

【职位的概要描述】

负责网络运营部资讯、专题等网站内容和推广文案的撰写执行工作，对网站销售力和传播力负责。

【岗位职责】

(1) 负责定期对网站资讯内容及产品编辑、更新和维护工作；

(2) 负责网站专题、栏目、频道的策划及实施，能对线上产品进行有效的整合，配合策划执行带动销售的活动方案，从而达到销售目的，适时对网站频道提出可行性规划、设计需求报告；

(3) 编写网站各宣传资料，收集、研究和处理网络读者的意见和反馈信息；

(4) 频道管理与栏目的发展规划，促进网站知名度的提高；

(5) 集团及各分公司的新闻活动的外联工作及各活动的及时报道与回顾，重要活动及人物的采访；

(6) 对各网站的相关内容进行质量把控，以提升网站内容质量。

【岗位要求】

(1) 2 年以上新闻记者、编辑工作经验；

(2) 熟悉互联网，了解网络营销，有较强的频道维护和专题制作的经验和能力，对客户体验有极深了解；

(3) 具备扎实的营销知识和丰富的实践经验，能有效提升网站的销售力和传播力；

(4) 具有扎实的文字功底及编辑能力；

(5) 拥有良好的沟通能力与表达能力，具有快速准确的反应能力及较强的分析解决问题的能力；

(6) 出色的工作责任心、良好的团队合作精神，能够承受一定的工作压力；

(7) 熟悉网站的建立与维护，了解并能使用 DreamWeaver、Photoshop、Office 软件等网页编辑工具。

6）网络营销文案策划

【职位的概要描述】

负责网络运营部产品文案、品牌文案、深度专题的策划，创意文案、推广文案的撰写执行工作，对网站销售力和传播力负责。

【岗位职责】

(1) 负责公司产品文案、品牌文案、项目文案的创意和撰写；

(2) 负责公司网站的专题策划并和网站编辑共同执行文案撰写；

(3) 负责规划方案和策划方案的撰写；

(4) 负责传播文案的创意和撰写；

(5) 对网站的销售力及传播力负责。

【课程思政】——
理解团队合作的思想精华

一箭易折，十箭难断
（选自《魏书》）

【岗位要求】

(1) 3 年以上品牌、广告、软文的撰写的工作经验，有一定的策略方案经验；

(2) 具备营销、品牌、广告等系统的理论知识和丰富的实践经验；

(3) 卓越的策略思维和创意发散能力，具备深刻的洞察力；

(4) 优秀的文案能力，能撰写各种不同的方案、文案；

(5) 了解熟悉网络特性和网络文化，对网络营销具备一定的经验，熟悉各种网络营销的手段和方法。

7）新媒体营销专员

【职位的概要描述】

负责企业新媒体平台（微博、微信、自媒体平台、直播平台及短视频平台等）的日常内容维护，策划并执行新媒体营销活动，撰写优质原创文案并传播。

【岗位职责】

（1）负责公司各新媒体平台的运营推广，负责策划并执行日常活动及追踪、维护；

（2）挖掘和分析用户的使用习惯、情感及体验感受，及时掌握新闻热点，与用户进行互动；

（3）提高粉丝活跃度，并与粉丝进行互动，对新媒体营销运营现状进行分析和总结。

【岗位要求】

（1）深入了解互联网，尤其是微信、微博、社群、短视频等新媒体营销工具的特点，有效运用相关资源；

（2）热爱并擅长新媒体推广，具备创新精神、学习精神、严谨的态度和良好的沟通能力；

（3）具有创造性思维，文笔好，书面和口头沟通能力强，熟悉网络语言的写作特点；

（4）学习能力强，兴趣广泛，关注时事。

同步实训

电子商务岗位调研

1. 实训目的

了解当前电子商务岗位的现状及需求。

2. 实训内容及步骤

（1）利用智联招聘、前程无忧等招聘网站，搜寻电子商务热门岗位，填写表1-1。

表1-1 电子商务热门岗位

职位名称 \ 数量	北京	上海	深圳	广州	苏州
淘宝运营					
数据分析					
美工					
……					

（2）查询表1-1中的职位职责和任职要求，填写表1-2。

表1-2 电子商务职位职责和任职要求

职位名称	职位职责	任职要求
……		

任务小结

网络营销是一种成本低、效果好的新型营销方式,企业里网络营销相关的职位有网络营销运营专员、网络营销经理、SEO专员、网络推广/网站推广专员、网站编辑/网络编辑、网络营销文案策划、新媒体营销专员等。

任务2　了解网络营销的产生和发展

问题引入▶

资料显示,网络营销无疑将成为职场蓝海,网络营销人才也必将成为职场香饽饽。通过对网络营销相关岗位的调研,我们对网络营销有了初步简单的认识,那么网络营销是如何产生的呢?网络营销的发展如何呢?

解决方法▶

网络营销是随着互联网进入商业应用而逐步诞生的,网络营销伴随着互联网技术的革新不断发展。

任务实施▶

1. 网络营销的产生

现在,各种网络广告、信息发布平台、在线销售、博客及微博等已经司空见惯,我们通过搜索引擎或者其他网站的链接可以方便地找到几乎所有产品的信息并方便地实现网上购买。可是,你想象过1995年前的互联网是什么状况吗?你知道那时的企业网络营销与目前有什么不同吗?

实际上,部分网络营销模式自1994年才开始陆续出现,并且直到2000年之前,网络营销的内容都很简单。只是进入21世纪之后,网络营销才进入爆发性发展阶段。

早在1971年就已经诞生了电子邮件,但在互联网普及应用之前,电子邮件并没有被应用于营销领域;1993年,才出现基于互联网的搜索引擎,直到1994年10月网络广告诞生;1995

人类历史上最早的网络广告

年 7 月，全球最大的网上商店亚马逊成立。这些事件在互联网及网络营销发展历史上都具有里程碑式的意义。1994 年对于网络营销的发展来说是重要的一年，因为在网络广告诞生的同时，基于互联网的知名搜索引擎 Yahoo!、Webcrawler、Infoseek、Lycos 等相继于 1994 年诞生。另外，由于曾经发生了"第一起利用互联网赚钱"的"律师事件"，促使人们对 E-mail 营销开始进行深入思考，也直接促成了网络营销概念的形成。从这些事件来看，可以认为网络营销诞生于 1994 年。

在 E-mail 和 WWW 得到普遍应用之前，新闻组是人们获取信息和互相交流的主要方式之一。新闻组也是早期网络营销的主要场所，是 E-mail 营销得以诞生的摇篮。1994 年 4 月 12 日，美国亚利桑那州两位从事移民签证咨询服务的律师 Laurence Canter 和 Martha Siegel（两人为夫妻）把一封"绿卡抽奖"的广告信发到他们可以发现的每个新闻组，这在当时引起了轩然大波，他们的"邮件炸弹"让许多服务商的服务处于瘫痪状态。有趣的是，这两位律师在 1996 年还合作出版了一本书——《网络赚钱术》，书中介绍了他们的这次辉煌经历：通过互联网发布广告信息，只花了 20 美元的上网通信费用就吸引来 25 000 个客户，赚了 10 万美元。他们认为，通过互联网进行 E-mail 营销是前所未有而且几乎无须任何成本的营销方式。

尽管这种未经许可的电子邮件与正规的网络营销思想相去甚远，但由于这次事件所产生的影响，人们才开始认真思考和研究网络营销的有关问题，网络营销的概念也逐渐开始形成。

【课程思政】——
增强民族自信

中国古代营销智慧

2. 网络营销的发展

相对于互联网发达国家，我国的网络营销起步较晚，从 1994 年到 2013 年，我国的网络营销大致可以分为六个发展阶段：传奇阶段、萌芽阶段、应用和发展阶段、服务市场的高速发展阶段、网络营销社会化阶段、多元化生态体系阶段。

（1）**我国网络营销的传奇阶段**（1997 年之前）。1997 年以前，我国已经有了互联网，但那个时候的互联网主要是政府单位、科研机构在使用，还未用于商业，直到 1996 年，中国的企业才开始尝试着使用互联网。在网络营销的传奇阶段，网络营销的特点是：网络营销概念和方法不明确，绝大多数企业对上网几乎一无所知，是否产生效果主要取决于偶然因素。因此，那个时候的网络营销事件（如"山东农民网上卖大蒜"）更多的是具有传奇色彩。

（2）**我国网络营销的萌芽阶段**（1997—2000 年）。根据 CNNIC 1997 年 10 月发布的《第一次中国互联网发展状况调查统计报告》的结果，截至 1997 年 10 月，我国上网人数为 62 万人，WWW 站点数约 1 500 个。无论是上网人数还是网站数量均微不足道，但发生于 1997 年前后的部分事件标志着中国网络营销进入萌芽阶段，如网络广告和 E-mail 营销在中国诞生、电子商务的促进、网络服务如域名注册和搜索引擎的涌现等。到 2000 年年底，多种形式的网络营销被应用，网络营销呈现出快速发展的势头并且逐步走向实用的趋势。

（3）**我国网络营销的应用和发展阶段**（2001—2003 年）。进入 2001 年之后，网络营销已不再是空洞的概念，而是进入了实质性的应用和发展时期，主要特征表现在六个方面：网络营销服务市场初步形成、企业网站建设发展迅速、网络广告形式和应用不断发展、E-mail 营销市场环境改善、搜索引擎营销向深层次发展、网上销售环境日趋完善。

（4）**我国网络营销服务市场的高速发展阶段**（2004—2008 年）。2004 年之后，我国网络营销的最主要的特点之一是第三方网络营销服务市场蓬勃兴起，包括网站建设、网站推广、网络营销顾问等付费网络营销服务都获得了快速发展。这不仅体现在网络营销服务市场规模的扩大，同时也体现在企业网络营销的专业水平提高、企业对网络营销认识程度和需求层次提升，以及更多的网络营销资源和网络营销方法不断出现等方面。

（5）**我国网络营销的社会化阶段（2009—2013年）**。网络营销社会化的表现是网络营销从专业知识领域向社会化普及知识发展演变，这是互联网应用环境发展演变的必然结果，这种趋势反映了网络营销主体必须与网络环境相适应的网络营销社会化实质。需要说明的是，网络营销社会化并不简单等同于基于SNS的社会化网络营销，社会化网络营销只是网络营销社会化所反映的一个现象而已。

（6）**我国网络营销的多元化生态体系阶段**。2013年以后，网络营销向开放式转变，传统网络营销方法不断调整和创新，向多元化生态体系转变，信息社交化、用户价值、用户生态思维、社会关系资源等成为影响网络营销的主要因素。2013年以后的网络营销表现出以下六个方面的发展趋势：

❶ 利用大数据分析进行精准营销；
❷ 内容营销的重要性更加凸显；
❸ 移动终端将是网络营销的主要阵地；
❹ 网络广告理念和模式推陈出新；
❺ 社交媒体营销更受重视；
❻ SEO、内容营销和社交媒体互通。

同步实训

网络营销发展趋势资料搜集

1. 实训目的

了解网络营销发展趋势。

2. 实训内容及步骤

利用网络搜集资料，理解网络营销六大发展趋势，填写表1-3。

表1-3 网络营销发展趋势

发展趋势	你的理解
利用大数据分析进行精准营销	
内容营销的重要性更加凸显	
移动终端将是网络营销的主要阵地	
网络广告理念和模式推陈出新	
社交媒体营销更受重视	
SEO、内容营销和社交媒体互通	

项目1　初识网络营销

任务小结

网络营销诞生于1994年。我国的网络营销大致可以分为六个发展阶段：传奇阶段、萌芽阶段、应用和发展阶段、服务市场的高速发展阶段、网络营销社会化阶段、多元化生态体系阶段。

任务3　知晓网络营销的特点及功能

问题引入▶

网络营销诞生于1994年，在我国网络营销发展经历了五个阶段，那么什么是网络营销？它有哪些特点及功能呢？哪些行业适合网络营销呢？

解决方法▶

网络营销是为实现企业整体经营目标所进行的、以互联网为基础手段营造网上经营环境的各种活动。网络营销作为在互联网上进行的营销活动，它的基本营销目的和营销手段是一致的。网络营销具有传统营销所不具备的许多独特的、十分鲜明的特点及功能，网络营销具有交互的便捷性、超前性、个性化等特点；网络营销具有信息搜索、信息发布、调查商情、销售渠道开拓、扩展和延伸品牌价值、特色服务、客户关系管理、增值经济效益等八项功能。所以不是所有的行业都适合网络营销。

任务实施▶

1. 网络营销的定义

与许多新兴学科一样，"网络营销"目前不仅没有一个公认的、完善的定义，而且在不同时期、从不同的角度对网络营销的认识也有一定的差异。这种状况主要是因为网络营销环境在不断发展变化，各种网络营销模式不断出现，并且网络营销涉及多个学科的知识，不同研究人员具有不同的知识背景，因此在对网络营销的研究方法和研究内容方面有一定差异。

笼统地说，**凡是以互联网为主要手段开展的营销活动，都可称为网络营销**（有时也称为网上营销、互联网营销等，我国港台地区则多称为网络行销）。

在这里，我们引用冯英健编写的《网络营销基础与实践》一书中网络营销的定义：网络营销是企业整体营销战略的一个组成部分，是为实现企业总体经营目标所进行的、以互联网为基本手段营造网上经营环境的各种活动。

2. 网络营销的特点

网络营销具有传统营销所不具备的许多独特的、十分鲜明的特点。组织和个人之间进行信息传播和交换是市场营销的本质，因而，互联网具有营销所要求的某些特性，这使得网络营销呈现出交互的便捷性、超前性、个性化等特点。

（1）**传播的超时空性**。营销的最终目的是占有市场份额。互联网能够超越时间和空间的限制进行信息交换，使得营销脱离时空的限制进行交易变成可能，企业有了更多的时间和更大的空间进行营销，可每周7天、每天24小时随时随地提供全球性营销服务。

（2）**交互的便捷性**。论坛、阿里旺旺、Blog等网络营销客服软件出现，网站在线提交表单、留言、QQ、MSN、E-mail的双向交流，使得顾客可以在产生对某种产品需求欲望时就能够有针对性地及时了解产品和服务信息。

由此商家通过提供良好的在线客服增强客户信赖感并且可以快捷了解消费者需求，提高成交率。例如在淘宝上，很多商家都有企业版阿里旺旺，在企业版阿里旺旺中不光有产品的介绍，还有营销活动，买家可以通过阿里旺旺向商家提出他们想了解的问题，商家可以在阿里旺旺中及时解答这些问题，如图1-3所示。这样就提高了企业与客户之间的交互性，从而增强客户的信赖感和对企业的认可度。

（3）**个性化**。网络营销打破了传统营销的限制，为客户提供全天候24小时的服务，客户可以根据自己的时间安排接受服务。即便客户深夜想到异地旅行，也可以立即在网上查询订票。

网络营销让企业可根据客户的需要提供产品。如客户在戴尔公司的网站购买计算机，可以自己设计，然后由戴尔公司根据客户的要求迅速组装，如图1-4所示。改变了"企业提供什么，用户就接受什么"的传统方式，变成了"用户需要什么，企业就提供什么"的新方式。

图1-3 使用阿里旺旺交互

图1-4 戴尔个性化设计笔记本

（4）**成长性**。网络数据无时无刻不在进行着更新、替换。这时产品的换代也更加频繁，正因为如此，企业才能及时发现自身产品的不足之处，并加以改进，使产品随着互联网的发展而不断更新迭代。互联网用户数量快速增长并遍及全球，用户大多年轻，属于中产阶级具有高学历。由于这部分群体购买力强而且有很强的市场影响力，因此网络营销渠道是极具开发潜力的市场渠道。

（5）**整合性**。网络营销是对各种营销工具和手段的系统化整合，根据环境进行即时性的动态修正，以使买卖双方在交互中实现价值增值的营销理念与方法。同时网络营销也可以叫作"资源整合营销"。

（6）**超前性**。互联网是一种功能最强大的营销工具，它同时兼具渠道、促销、电子交易、互动顾客服务以及市场信息分析与提供的多种功能。它所具备的一对一营销能力，正是符合定制营销与直复营销的未来趋势。

（7）**高效性**。互联网可储存大量的信息供消费者查询，可传送的信息数量与精确度，远

超过其他媒体,并能应市场需求,及时更新产品或调整价格,因此能及时有效了解并满足顾客的需求。

如今,电子商务企业很容易在社交平台上展示产品图片和获得推荐、评论和大量免费的可分享内容。如果不利用网络营销,传统营销就要费很大力气去推广,以争取客源。

通过网络销售,能使企业高效地获得一定的回报率,以及产品如何在客户社交网络中被转化,然后充分利用。只要把网络营销的高效性充分运用到销售活动的各方面,就可以综合运用许多对企业有用的信息,对企业的发展起到指导作用,使营销的过程更加快捷,及时适应市场的发展要求。

(8) **经济性**。网络营销的经济性也可以叫作"用户低成本营销"。通过互联网进行信息交换,代替以前的实物交换,一方面可以减少人力、物力、财力(减少印刷与邮递成本,无店面销售节约的租金、水电与人工成本等),另一方面可以减少多次交换带来的损耗。

3. 网络营销的功能

(1) **信息搜索功能**。在网络营销中,将利用多种搜索方法,主动的、积极的获取有用的信息和商机;将主动地进行价格比较,将主动地了解对手的竞争态势,将主动地通过搜索获取商业情报,进行决策研究。搜索功能已经成为营销主体能动性的一种表现,一种提升网络经营能力竞争手段。

(2) **信息发布功能**。发布信息是网络营销的主要方法之一,也是网络营销的一种基本职能。无论哪种营销方式,都要将一定的信息传递给目标人群。但是网络营销所具有的强大信息发布功能,是古往今来任何一种营销方式所无法比拟的。

网络营销可以把信息发布到全球任何一个地点,既可以实现信息的大面积覆盖,形成地毯式的信息发布链,又可以创造信息的轰动效应,发布隐含信息。通过网络营销的方式,信息的扩散范围、表现形式、延伸效果、穿透能力都是最佳。

值得提出的是,在网络营销中,网上信息发布以后,可以能动地进行跟踪,获得回复,可以进行回复后的再交流和再沟通,因此信息发布的效果很明显。

企业可以利用网络社区、博客、微博、QQ 的个人空间等网络平台发布信息。现在企业看中的是信息发布系统,因为利用信息发布系统相比企业自己发布信息要简便得多。

(3) **商情调查功能**。网络营销中的商情调查具有重要的商业价值。对市场和商情的准确把握,是网络营销中一种不可或缺的方法和手段,是现代商战中对市场动态和竞争对手情况的一种电子侦察。在激烈的市场竞争条件下,主动地了解商情,研究趋势,分析顾客心理,窥探竞争对手动态是确定竞争战略的基础和前提。通过在线调查或者电子询问调查表等方式,不仅可以省去了大量的人力、物力,而且可以在线生成网上市场调研的分析报告,趋势分析图表和综合调查报告。其效率之高、成本之低、节奏之快、范围之大,都是以往其他任何调查方式所做不到的。这就为广大商家,提供了一种市场的快速反应能力,为企业的科学决策奠定了坚实的基础。

(4) **销售渠道开拓功能**。网络具有极强的穿透力。传统经济时代的经济壁垒,地区封锁、人为屏障、交通阻隔、资金限制、语言障碍、信息封闭等,都阻挡不住网络营销信息的传播和扩散。新技术的诱惑力,新产品的展示力,文图并茂,声像俱显的昭示力,网络上的亲和力,地毯式发布和爆炸式增长的覆盖力,将整合为一种综合的信息进击能力,能够快速地打通封闭的坚冰,疏通种种渠道,打开进击的路线,实现和完成市场的开拓使命。这种快速、神奇、坚定是任何媒体、任何其他手段无法比拟的。

（5）**品牌价值扩展和延伸功能**。美国广告专家莱利·莱特预言：未来的营销是品牌的战争。拥有市场比拥有工厂更重要。拥有市场的唯一办法，就是拥有占市场主导地位的品牌。

随着互联网的出现，不仅给品牌带来了新的生机和活力，而且推动和促进了品牌的拓展和扩散。实践证明：互联网不仅拥有品牌、承认品牌而且对于重塑品牌形象、提升品牌的核心竞争力、打造品牌资产，具有其他媒体不可替代的效果和作用。

（6）**特色服务功能**。网络营销具有的和提供的不是一般的服务功能，是一种特色服务功能。服务的内涵和外延都得到了扩展和延伸。

顾客不仅可以获得形式最简单的FAQ（常见问题解答）、邮件列表以及BBS、聊天室等各种即时信息服务，还可以获取在线收听、收视、订购、交款等选择性服务。无假日的紧急需要服务和信息跟踪、信息定制到智能化的信息转移、手机接听服务。此外，还有网上选购，送货到家的上门服务等。这种服务以及服务之后的跟踪延伸，不仅将极大地提高顾客的满意度，使以顾客为中心的原则得以实现，而且客户成为商家的一种重要的战略资源。

（7）**客户关系管理功能**。客户关系管理，源于以客户为中心的管理思想，是一种旨在改善企业与客户之间关系的新型管理模式，是网络营销取得成效的必要条件，是企业重要的战略资源。

在传统的经济模式下，由于认识不足，或自身条件的局限，企业在管理客户资源方面存在着较为严重的缺陷。针对上述情况，在网络营销中，通过客户关系管理，将客户资源管理、销售管理、市场管理、服务管理、决策管理于一体，将原本疏于管理、各自为战的销售、市场、售前和售后服务与业务统筹协调起来。实时跟踪订单，帮助企业有序地监控订单的执行过程；规范销售行为，了解新、老客户的需求，提高客户资源的整体价值；避免销售隔阂，帮助企业调整营销策略；收集、整理、分析客户反馈信息，全面提升企业的核心竞争能力。客户关系管理系统还具有强大的统计分析功能，可以为企业提供"决策建议书"，以避免决策的失误，为企业带来可观的经济效益。

（8）**经济效益增值功能**。网络营销能够极大地提高营销者的获利能力，使营销主体提高或获取增值效益。这种增值效益的获得，不仅由于网络营销效率的提高、营销成本的下降、商业机会的增多，更由于在网络营销中新信息量的累加会使原有信息量的价值实现增值，或提升其价值。这种无形资产促成价值增值的观念和效果，既是前瞻的，又是明显的，是为多数人尚未认识、不理解、没想到的一种增值效应。

同步实训

拓展学习：苏宁易购的网络营销

1. 实训目的

了解网络营销战略。

2. 实训内容及步骤

阅读材料，思考问题。

苏宁易购作为苏宁旗下的电子商务平台，于2010年对外发布上线，上线后苏宁易购以苏宁电器的独立品牌运营并发展。苏宁易购的网络营销包括以官方自营商城、天猫旗舰店为主，以官方微博、APP等为辅的一系列有利于网络推广的渠道。苏宁易购通过分析目标客户群体，打造出有自己鲜明特色的广告。苏宁易购通过调查了解客户的购买习惯和消费心理，开展有针对性的营销，提升了客户的购物体验。苏宁易购加大了对微博、微信等自媒体的投入力度，以此扩大品牌效益；同时通过多渠道多方法的营销，让目标客户群体了解更多产品的优惠资讯。苏宁易购着眼于打造大型综合B2C网站，做到扬长避短，从细节上降低成本，发挥苏宁自身的品牌优势，通过提高利润率来壮大企业。

一、网络营销渠道

1. 官方自营商城

苏宁易购网上商城于2010年年初正式运营，凭借苏宁电器长久以来在零售和采购、物流、售后服务等各方面积累的丰富的经验，结合自身强大的品牌优势及雄厚资金实力，加上独特的品牌风格、独立的网站平台和合理的网络营销策略，苏宁易购给苏宁电器确立了稳定长久的发展方向，是传统零售企业转型为电子商务企业的又一成功典范。

2. 天猫旗舰店

苏宁易购与阿里巴巴在2015年8月宣布达成全面战略合作，苏宁与天猫相互参股，天猫由此成为苏宁云商的第二大股东。从那时起，苏宁品牌下的销售部门全线接入支付宝。苏宁和天猫进行系统升级与融合，包括系统对接、仓配一体、入户操作等一体化。苏宁主打3C数码以及百货等品类，并在天猫上线"苏宁易购天猫旗舰店"。苏宁易购天猫旗舰店从电器设备到母婴超市，销售额年年攀升，其配送服务仍依托苏宁自身的物流体系。

二、网络营销的主要方式

1. 新颖的广告

2015年12月21日，苏宁集团正式接手江苏足球，江苏苏宁足球俱乐部正式启动。2016年2月18日，球队更名为苏宁易购球队，给苏宁易购的投资和广告事业开辟了新的天地。苏宁易购积极参与社会公益事业，以此扩大企业知名度，提高企业曝光度。苏宁易购的广告代言人如邓超、杨洋等都是阳光、活力、知名度高且没有负面新闻的大牌明星，这很好地为苏宁易购塑造了品牌形象。

2. 较低的价格

苏宁易购根据国内市场的消费情况，在保障商品质量的前提下，以较低的销售价格，提高客户群体的消费频率以及企业的销售额。苏宁易购为拉动新客户群体，推出注册领取199元新人大礼包，定期举办回馈活动来回馈老顾客，尽可能激发目标客户的消费积极性，不断壮大目标消费群体。苏宁易购不仅节省了线下店面租金等费用，同时又可以利用其线下销售网点长期使用的供应链和物流系统，从而大大降低了成本，这是其商品可以以低价销售的基础。

3. 丰富的产品组合

苏宁易购有电器、美妆、超市、母婴等，涉及多方面的产品组合，极大地满足了客户的需求，进而提高了客户的品牌忠诚度。苏宁易购主打商品是家用电器，另外还有日化品、快消品等。苏宁易购以将线上渠道打造成综合类电子商务销售平台，来带动自身发展，凭借丰富的产品组合提高企业效益。

思考：

（1）从苏宁易购的案例中，谈谈网络营销战略的含义。

（2）苏宁易购的网络营销战略给其他企业带来哪些启示？

习题

任务小结

1. 网络营销指基于互联网平台，利用信息技术与软件工具满足公司与客户之间交换概念、产品、服务的过程，通过在线活动创造、宣传、传递客户价值，并且对客户关系进行管理，以达到一定营销目的的新型营销活动。

2. 网络营销具有传播的超时空性、交互的便捷性、个性化、成长性、整合性、超前性、高效性、经济性等特点。

3. 网络营销具有搜索信息、发布信息、调查商情、开拓销售渠道、扩展和延伸品牌价值、特色服务、管理顾客关系、增值经济效益等八项功能。

项目 2
网络市场调研与分析

● 项目概述

网络市场调研是网络营销链中的重要环节，没有市场调研，就把握不了网络市场。本项目将带领大家学会运用网络调研工具收集信息、分析和撰写调研报告，进而为企业网络营销决策提供支持。

● 学习目标

知识目标：
理解网络调研的内涵；了解网络调研的工具与方法；掌握网络调研问卷的设计与发放。

能力目标：
会运用网络调研工具收集资料；会归纳和分析调研资料；能撰写调研报告。

● 思政目标

深化对个人信息的保护意识，维护自身权利。

● 工作任务

任务1　使用网络问卷进行调研
任务2　撰写网络调研报告
任务3　网络消费者群体分析

任务1　使用网络问卷进行调研

▶ 问题引入

李林和张华都是刚毕业的高职学生,他们一起到某企业应聘市场开拓员一职,市场部经理对他们两个都很满意,于是给予他们两个月的试用期,要他们为婴儿用品市场做一份完整的调研报告,以这一任务的完成情况作为是否雇用他们的主要依据。

接到任务后,李林连夜设计了问卷,确定了问卷调研的主要地点,申请了调研基金,聘请了数名兼职人员,在这几个市场上展开了问卷调研。最后回收问卷,统计数据并分析结论。而张华却整天待在电脑前,也没有走入市场。最后,市场部经理录用了张华。

张华是如何利用网络完成调研的呢?

▶ 解决方法

张华通过网络进行问卷调研,他利用在线调研网站,上传调研问卷,并回收问卷,在线调研网站提供统计好的数据。网络问卷调研是一种高效、快速的网络调研法。

▶ 任务实施

1. 网络问卷调研法

网络问卷调研法就是在网上发放问卷,被调研对象通过网络填写问卷,调研者对回收的问卷进行分析,获得调研结论的过程。 网络问卷调研具有成本低、结果直观、容易实现的特点。

网络问卷调研的工具有网站、电子邮件、社会化媒体和专业调研软件等,目前应用较为广泛的是在线调研网站和电子邮件。

1) E-mail 问卷调研

E-mail 问卷调研就是按照已知的 E-mail 地址发出调研问卷或调研问卷的链接,被调研者在线填写完毕后,回复邮件,收集调研问卷的过程。

2) 网站在线调研

网站在线调研是将调研问卷放在网站页面上,由访问者在线填写、提交的方法。 调研问卷既可以放在自建的网站上,也可放在门户网站上,或者放在专业调研网站上,委托专业公司在线调研。

在自建的网站进行在线调研,由于受到企业网站受众面的限制,调研的范围较小,对于一些问题的结论缺乏代表性。在专业网站和门户网站,由于受众面较大,得到的结论具有一定的代表性,适合对企业品牌、新产品开发等网络营销普遍性问题方面的调研。

具体应采用哪一种工具,要根据调研的目的、调研对象的分布而定。

2. 网络问卷调研流程

网络问卷调研属于网络市场直接调研法。网络市场调研与传统的市场调研一样,应遵循一定的方法与步骤。一般而言，应经过五个步骤：明确调研问题与调研目的、制定调研具体计划方案、网络调研问卷的设计与发放、网络调研问卷的分析和撰写调研报告。

1) 明确调研问题与调研目的

对于市场调研问题的界定，既不能太宽泛，也不能太具体。为了更好地明确调研问题，调研者首先可以假设所面临的决策问题，反过来考虑为了解决这个决策问题需要调研哪些内容。网络调研的一般问题如表2-1所示。

表2-1 网络调研的一般问题

类别	问题
在线零售者	改进在线销售规划，预测产品需求，测试新产品价格接受度、品牌知名度、合作伙伴的评估等
网站	网站的推广效果，客户对网站的评价，如何推广网站，如何增加网站的价值等
客户	消费者的消费心理、购物习惯、品牌偏好、如何细分等，客户对产品的评价、价格的接受度等，顾客的满意度和忠诚度，如何提高重复购买率、客户单价等
营销沟通	广告的有效性、促销效果、促销定价、购物渠道、社会化媒体的应用、公共关系的维护等
网络市场	网络市场的需求特点、消费特点，网络市场的竞争状况、竞争策略等

调研问题有些是具体的、可以量化的，有些是探索性的。调研者要根据调研问题的性质，合理设计调研选项，采取合适的调研方法，具体问题具体分析，才能掌握真实的情况，做出合理的决策。

企业在网络营销发展的不同阶段有不同的调研问题和调研目的，调研内容也就有所不同。

确定了调研问题与目的，还要确定调研对象。网络调研对象主要分为企业的顾客或消费者、企业的竞争者、企业合作者和行业内的中立者。

(1) **企业的顾客或消费者**。消费者通过网上购物的方式来访问企业站点。营销人员可以通过互联网来跟踪顾客，了解他们对产品的意见及建议。通过对访问企业网站的人数进行统计，进而分析访问者的分布范围和潜在的消费市场的区域，以此制定相应的网络营销决策。

(2) **企业的竞争者**。企业所面对的竞争者很多，在众多竞争中主要是行业内现有企业的竞争、新加入者的竞争、来自替代产品的竞争，他们对企业的市场营销策略有很大影响，竞争者的一举一动都应引起企业的高度警觉。因此市场调研人员要随时掌握竞争者的相关信息，对比优势与劣势，为及时调整营销策略做好准备。

(3) **企业合作者和行业内的中立者**。企业合作者和中立者能站在第三方的立场上，提供一些有价值的信息和比较客观的评估分析报告。因此市场调研人员要随时掌握他们的相关信息，为客观充分地调整营销策略做好准备。

2) 制定调研具体计划方案

制定调研具体计划方案就是要确定调研的题目、时间、框架、具体实施问题、格式、要求和实施方法等。

(1) **选择资料搜集的方法**。利用互联网进行资料搜集是一种非常有效的方式。确定资料来源包括两种：搜集第一手资料和第二手资料。前者适用于确定消费者的嗜好及其他特质的分析，如许多企业在网站上设置在线调研表，用以搜集用户反馈信息。在线调研常用于产品调研、消费者行为调研、顾客意见、品牌形象调研等方面，是搜集第一手调研资料的有效工具。选择搜集第一手资料时，可以采用问卷形式、电子邮件方式等；问卷可以通过软件自动生成、发布；电子邮件可以通过邮件列表自动发送，调研结果自动汇总。第二手资料的搜集可以采用常用的询问法、观测法以及实验法等。

（2）**样本的选择与控制**。根据调研目的确定调研群体、样本性质、大小及分配，如调研地点、调研人群等。在抽样时需要注意，调研者首先需要具备被调研群体总体的 E-mail 或 IP 地址，然后再进行随机抽样。

（3）**编制调研计划表**。在调研计划确定之后，应当编制完整的市场调研计划表，如表 2-2 所示。

表 2-2 市场调研计划表

项目	内容
调研目的	为什么调研、需要了解什么、有何用途
调研方法	问卷法、邮件法等
调研地区	被调研者居住地区、居住范围
调研对象、样本	调研对象的选定、调研样本数量、调研样本选取
调研时间、地点	调研所需时间、调研开始日期、调研完成日期、在外调研时间等
调研项目	调研表的内容
提交调研报告	调研报告书的形式、份数、内容、中间报告、最终报告
调研进度表	策划、实施、统计、分析、提交调研报告书
调研费用	各项调研开支数目（资料费、文件费、差旅费、统计费、劳务费等）
调研人员	策划人员、调研人员、负责人

3）网络调研问卷的设计与发放

问卷调研是通过了解调研对象对调研问卷中问题的反应和看法，获得信息的一种方法。调研问卷的设计，就是明确调研目的，将需要调研的内容细化为具体的问题，供被调研者回答。

一份设计良好的调研问卷一般具备两个功能：一是能够将调研内容准确地传达给被调研者；二是被调研者能够准确地完成调研问卷，调研者成功回收调研问卷。

（1）**调研问卷的设计**。根据调研的目的和主题，确认所需收集的信息和目标调研对象，设计问题及其选项，确定问题的顺序，合理设计问卷的结构。在调研问卷正式发布之前，有针对性地做一些测试，包括问题的内容、措辞、顺序、难度、选项设计是否合理。分析调研的结果与设计问卷的初衷是否一致，是否能达到调研目的。发现问题及时修改，形成正式问卷。结合调研问卷网络发放渠道，调整问卷的设计。

项目 2　网络市场调研与分析

（2）**调研问卷的结构**。一个设计良好的问卷，结构严谨、内容清晰、主题明确、易于被调研者回答。结构良好的调研问卷应该包括标题、前言、填写说明、问题与选项、编码、结束语六个部分。

❶ 问卷的标题。每份调研问卷都有一个明确的研究主题。好的标题能够使被调研者一目了然，明确主题，有利于被调研者对问卷的整体认识，并做出准确的回答，提高回收问卷的质量。

❷ 前言是对本次调研做的简要的介绍说明。通过说明，获得被调研者的信任和理解，争取被调研者的合作，以获得良好的调研效果。

❸ 填写说明是对问卷的填写要求和注意事项进行解释性说明。

❹ 问题与答案是调研问卷的主体，直接影响到调研能否达到目的，是调研问卷的主要内容。一般应围绕调研目的，合理设计调研问题和选项，力求获得正确的调研结论。

❺ 编码主要用于分类整理，方便进行计算机处理和统计分析。

❻ 结束语放在问卷的末尾，一方面表示感谢，另一方面也可以征询被调研者对本次调研的反馈意见，并附上联络方式，以进一步提高调研效果。

（3）**网络调研问卷的发放**。调研问卷的主要发布渠道有网站、E-mail、社交网络和专业调研网站等。调研问卷发布在网站后，并不一定获得用户的关注，可以通过在网站发布消息、广告和社交推广的形式引起用户的注意。

使用问卷星
制作网络问卷

可以通过自建网站、第三方平台网店、专业调研网站（如问卷星专业问卷调研网站：http://www.wjx.cn）等发布在线调研问卷。

使用问卷星制作问卷、发布问卷如图 2-1、图 2-2 所示。

图 2-1　使用问卷星制作问卷

图 2-2 使用问卷星发布问卷

婴儿用品市场调研问卷

尊敬的女士/先生:

您好!感谢您在百忙之中填写问卷,请您根据自己的实际感受和看法如实填写,本问卷采用匿名形式,所有数据仅供学术研究分析使用。

敬祝身体健康,万事如意!

1. 您的年龄段:

A. 15 岁以下　　　　　　　　　　B. 15~20 岁

C. 21~25 岁　　　　　　　　　　D. 26~30 岁

E. 31~40 岁　　　　　　　　　　F. 41~50 岁

G. 51~60 岁　　　　　　　　　　H. 60 岁以上

2. 您的婚姻状况:

A. 未婚　　　　　　　　　　　　B. 已婚

3. 您家宝贝现在多大了?

A. 0~6 个月　　　　　　　　　　B. 7 个月~1 岁半

C. 1 岁半~2 岁　　　　　　　　　D. 2~3 岁

E. 其他

4. 您购买婴儿用品是否选择固定场所消费?

A. 是　　　　　　　　　　　　　B. 否

5. 您家宝贝的婴儿用品主要是在哪里购买的?
   A. 沃尔玛、万客隆、大众等超市
   B. 婴儿用品专卖店
   C. 医院或家庭附近的婴儿用品店
6. 什么吸引您去这些地方购买婴儿用品?
   A. 品种齐全   B. 购物方便
   C. 环境良好   D. 价格适中
   E. 服务态度好   F. 其他
7. 您最重视婴儿用品的什么方面?
   A. 价格   B. 质量   C. 品牌   D. 设计
   E. 其他
8. 对于市面上婴儿用品的价格您怎么看?
   A. 偏贵   B. 接受不了
   C. 可以接受   D. 没什么看法
   E. 其他
9. 您的家庭月收入是多少?
   A. 2 000 元以下   B. 2 000~4 000 元
   C. 4 000~6 000 元   D. 6 000 元以上
10. 您平均每月为孩子支出多少的婴儿用品费用?
    A. 200 元以下   B. 200~600 元
    C. 600~1 000 元   D. 1 000~1 500 元
    E. 1 500 元以上   F. 其他
11. 婴儿奶瓶奶嘴系列您购买的是哪些品牌?
    A. 贝亲   B. 拉比   C. 新安怡   D. NUK
    E. 爱得利   F. 宝贝可爱   G. 皇家宝贝   H. 其他
12. 您购买哪些品牌的洗护用品?
    A. 强生   B. 贝亲   C. 新安怡   D. 宝贝可爱
    E. 其他
再次感谢您对本次调研活动的参与。

4) 网络调研问卷的分析

对回收的调研问卷进行检查、编辑、编码、转换和清理等数据准备后,就可以选择适当的数据分析技术进行统计分析。统计分析工具既可用专门的调研分析软件 SPSS、SAS,也可利用 Excel 进行简单的分析。基本的数据分析方法有频数分布和列联表。

(1) 频数分布。频数分布一次只考察一个变量,目的是了解该变量不同取值的调研对象数量,显示了对一个问题中每个选项的统计结果,反映的是问题中一个变量的情况,或只受一个变量控制。

例如,婴儿用品市场调研问卷案例中,第 5 题针对婴儿用品的购买地点,有三个选项,分别是:沃尔玛、万客隆、大众等超市,婴儿用品专卖店,医院或家庭附近的婴儿用品店,统计结果如表 2-3 所示,对被调研者的年龄的频数分布如表 2-4 所示。

表2-3 对婴儿用品购买地点的频数分布

购买地点	频数/次	百分比/%	有效百分比/%
沃尔玛、万客隆、大众等超市	380	25.03	25.03
婴儿用品专卖店	827	54.48	54.48
医院或家庭附近的婴儿用品店	161	10.61	10.61
未选	150	9.88	9.88
总计	1 518	100	100

表2-4 对被调研者年龄的频数分布

年龄	频数/次	百分比/%	有效百分比/%
15岁以下	101	6.65	6.65
15~20岁	94	6.19	6.19
21~25岁	268	17.65	17.65
26~30岁	478	31.49	31.49
31~40岁	458	30.17	30.17
41~50岁	80	5.27	5.27
51~60岁	23	1.52	1.52
61岁以上	16	1.05	1.05
总计	1 518	100	100

(2) **列联表**。列联表技术是同时将两个或两个以上的具有有限类目数和确定值的变量,按照一定的顺序对应排列在一张表中,从中分析变量之间的相互关系,得出结论的技术。列联表又称交叉表。例如,婴儿用品市场调研问卷案例中,调研用户对婴儿用品购买行为,按被调研者年龄和购买地点,得到列联表,如表2-5所示。

表2-5 列联表

购买地点 / 年龄	沃尔玛、万客隆、大众等超市	婴儿用品专卖店	医院或家庭附近的婴儿用品店	(空)	小计
15岁以下	36 (35.64%)	25 (24.75%)	11 (10.89%)	29 (28.71%)	101
15~20岁	28 (29.79%)	31 (32.98%)	16 (17.02%)	19 (20.21%)	94

续表

购买地点 年龄	沃尔玛、万客隆、大众等超市	婴儿用品专卖店	医院或家庭附近的婴儿用品店	（空）	小计
21~25 岁	67（25.00%）	149（55.60%）	26（9.70%）	26（9.70%）	268
26~30 岁	115（24.06%）	290（60.67%）	50（10.46%）	23（4.81%）	478
31~40 岁	106（23.14%）	283（61.79%）	41（8.95%）	28（6.11%）	458
41~50 岁	17（21.25%）	36（45.00%）	10（12.50%）	17（21.25%）	80
51~60 岁	4（17.39%）	10（43.48%）	3（13.04%）	6（26.09%）	23
61 岁以上	7（43.75%）	3（18.75%）	4（25.00%）	2（12.50%）	16

该方法在市场调研中被广泛应用，其原因为：一是列联表分析及其结果的理解不需要较深的统计知识，容易被经营管理人员接受和理解；二是许多市场调研项目的资料整理分析可以依赖列联表分析方法解决；三是通过一系列的列联表分析，可以深入分析和认识那些复杂的事物或现象；四是列联表分析清楚明确的解释能使调研结果很快成为制定经营管理措施的有力依据。

（3）Excel 工具。利用 Excel 工具，采用线性图、饼状图或者柱状图等数据图形分析技术，使得分析结果能够得到更好的表现，如图 2-3 所示。

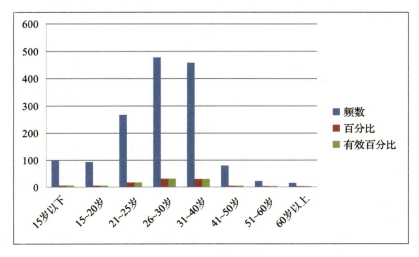

图 2-3　Excel 统计结果图

5）撰写调研报告

调研报告的撰写是整个调研活动的最后一个阶段。

同步实训

玩转问卷星

使用问卷星进行网络问卷调研

1. 实训目的

熟悉问卷星,学会通过问卷星在线设计并发布调研问卷。

2. 实训内容及步骤

当今社会,科技经济发展飞速,市场竞争日益激烈。大学生的就业问题已成为社会的热门话题。为了更好地服务好学生的就业工作,请为学校就业处设计一份大学生就业意向调研问卷。通过该问卷就业处能了解学生们的就业去向,有针对性地推荐企业招聘信息。

(1)打开 www.wjx.cn,注册问卷星,并扫描二维码学习视频教程,了解相关操作。

(2)使用问卷星设计一份大学生就业意向的调研问卷,并回收答卷(需要至少 30 个样本)。

(3)尝试使用问卷星的其他功能:在线表单、在线考试等功能。

任务小结

1. 网络问卷调研的工具有网站、电子邮件、社会化媒体和专业调研软件等,目前应用较为广泛的是在线调研网站和电子邮件。

2. 网络问卷调研属于网络市场直接调研法。

3. 网络问卷调研经过五个步骤:明确调研问题与调研目的、制定调研具体计划方案、网络调研问卷的设计与发放、网络调研问卷的分析、撰写调研报告。

任务2 撰写网络调研报告

▶ 问题引入 ▶

张华利用专业调研平台完成了网络调研问卷的设计与发放,并通过专业调研平台获取到了调研问卷的分析数据,面对这些数据,如何撰写网络调研报告,供企业领导查阅呢?

▶ 解决方法 ▶

调研报告不是数据和资料的简单堆砌,调研人员应该将与营销关键决策有关的主要调研结果报告出来,并以调研报告所应具备的正规结构进行写作。

▶ 任务实施 ▶

1. 网络调研报告的分类

调研报告一般分为专门性报告和一般性报告。专门性报告是专供市场研究人员和市场营销

人员使用的内容详尽、具体的报告。一般性报告是供职能部门管理人员、企业领导使用的内容简明扼要而重点突出的报告。

2. 网络调研报告的内容

调研报告一般由标题和正文两部分组成。

（1）**标题**。标题可以有两种写法。一种是规范化的标题格式，即"发文主题"加"文种"，基本格式为"××关于××××的调研报告""关于××××的调研报告""××××调研"等。另一种是自由式标题，包括陈述式、提问式和正副题结合使用三种。陈述式，如《东北师范大学硕士毕业生就业情况调研》。提问式，如《为什么大学毕业生择业倾向沿海和京津地区》。正副标题结合式，正题陈述调研报告的主要结论或提出中心问题，副题标明调研的对象、范围、问题，这实际上类似于"发文主题"加"文种"的规范格式，如《高校发展重在学科建设——××××大学学科建设实践思考》等。作为公文，最好用规范化的标题格式或自由式中正副题结合式标题。

（2）**正文**。正文一般分前言、主体、结尾三部分。

❶ 前言一般有三种写法：第一种是写明调研的起因或目的、时间和地点、对象或范围、经过与方法，以及人员组成等调研本身的情况，从中引出中心问题或基本结论来；第二种是写明调研对象的历史背景、大致发展经过、现实状况、主要成绩、突出问题等基本情况，进而提出中心问题或主要观点来；第三种是开门见山，直接概括出调研的结果，如肯定做法、指出问题、提示影响、说明中心内容等。前言起到画龙点睛的作用，要精练概括，直切主题。

❷ 主体是调研报告最主要的部分，这部分详述调研研究的基本情况、做法、经验，以及分析调研研究所得材料中得出的各种具体认识、观点和基本结论。

❸ 结尾的写法也比较多，可以提出解决问题的方法、对策或下一步改进工作的建议；或总结全文的主要观点，进一步深化主题；或提出问题，引发人们的进一步思考；或展望前景，发出鼓舞和号召。

案例

关于《雾霾的侵袭，你还能抗得住吗》调研问卷的调研报告

连日来，中国中东部地区因雾霾天气造成重度空气污染，为维护人们自身健康，爱调研网针对中东部地区网民进行了一项简短的网络问卷调研。以下是根据回收问卷的统计结果撰写的调研报告。

（1）76%的被访者表示他们所在的城市近来均出现过雾霾天气，如图2-4所示。

图2-4 调研分析——是否出现过雾霾

专家表示，空气污染频发和秋冬季节气候条件有关，冬季由于地面夜间降温明显，大气低空容易出现逆温层，污染物扩散不出去，容易导致空气污染。

(2) 近八成的被访者认为雾霾天气较为严重，如图2-5所示。

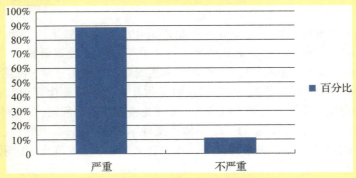

图2-5　调研分析——雾霾严重程度

调研结果显示，被访者中只有11%的人认为他们所在的城市雾霾天气完全不严重，而其他地方的被访问者均认为他们所在的城市或多或少地出现过雾霾天气，只不过雾霾天气的严重程度不同而已。

(3) 近五成的被访者认为宅在家不出门最安全，如图2-6所示。

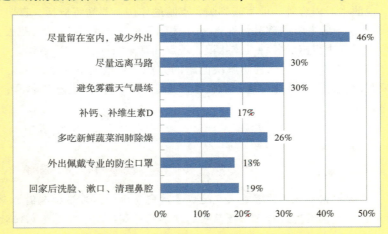

图2-6　调研分析——雾霾应对措施

为了应对雾霾天气，大家通常会选择避免雾霾天气晨练，尽量减少外出，选择中午阳光较充足、污染物较少的时候外出，尽量远离马路，补钙、补维生素D，多吃豆腐、雪梨等一系列措施来进行自我保护。专家建议，市民尽量减少外出，外出时最好佩戴专业防尘口罩。不过，有心血管疾病、慢性呼吸系统疾病的患者不宜佩戴。外出回家后，应及时换外套，洗脸、洗鼻腔。建议多吃新鲜蔬果，起到润肺除燥的作用。当人们更多地关注雾霾天气对呼吸系统和心血管系统造成的损伤时，或许会忽略空气污染对心理的影响。殊不知，雾霾天伤身更"伤心"，莫让自己担忧的心情演变成焦虑、抑郁。雾霾的侵袭，你还能扛得住吗？

同步实训

撰写大学生就业意向调研报告

1. 实训目的

掌握问卷管理,能够对回收问卷进行统计、分析,形成调研报告。

2. 实训内容及步骤

在问卷星中回收任务 1 同步实训中的问卷,对问卷进行统计、分析,最后撰写调研报告。

任务小结

调研报告一般由标题和正文两部分组成。正文一般分前言、主体、结尾三部分。

任务3 网络消费者群体分析

问题引入 ▶

互联网的快速发展推动了网络消费的发展,与传统市场的消费相比,网络市场的消费者在购物过程中占据了更主动的地位,拥有更自由、更丰富的权利,因此企业必须分析消费者网络消费的特点,分析其消费规律,充分了解影响消费者购物行为的因素,才能做到有的放矢,获得更多消费者,扩大市场。那么网络消费者有哪些消费心理?他们的消费决策过程是怎样的呢?

解决方法 ▶

对网络消费者的行为和心理的分析,可以帮助企业更好地进行消费者定位,并制定符合消费者购物意向的网络营销策略,提升消费者的购物欲望,增加企业销售额。

任务实施 ▶

1. 网络消费者的特征

网络消费者主要具备以下六个方面的特征。

1) 注重自我,追求个性

网络用户以年轻人为主,他们拥有独特的思想和喜好,有独立的见解和想法,在判断能力方面也比较自信。他们的消费要求越来越独特、多变,个性化也越来越明显。网络营销的双向沟通、实时、超越时空、便捷等特点,给网络

21 张图片
告诉你 65 个有趣的电商消费心理

消费者追求个性、张扬自我提供了技术基础，使个性化定制信息需求和个性化商品需求成为未来的发展方向。面对消费者的个性化需求，企业应将目标市场细分到单个的消费者，即企业为消费者提供一对一的服务，从而实现个性化营销。

2）头脑冷静，擅长理性分析

网络信息的丰富性为网络消费者充分了解商品和品牌信息提供了便利，使消费者通过网络收集产品信息，并以此进行理性的分析和判断。在网购过程中，消费者不会受到销售人员的影响和干扰，从而可以冷静地做出购买决策。另外，网络用户多为城市人群和具有一定学历的人群，他们对信息具有较强的甄别、分析和判断能力，因而不会轻易受产品广告宣传的影响。企业开展网络营销，应该加强信息的组织和管理，加强企业自身文化的建设，做到以诚信待人。

3）喜好新鲜事物，有强烈的求知欲

网络信息的丰富性、快速更新性为网络消费者提供了各种新奇、颇具特色的信息。这些信息又进一步激发了消费者的好奇心和求知欲。网络消费者往往爱好广泛，无论是对新闻、股票市场还是网上娱乐、产品或品牌信息都具有浓厚的兴趣，并且对未知的领域有永不疲倦的好奇心。企业应主动为网络消费者提供具有知识性、趣味性或娱乐性的信息，以吸引他们的注意力。同时，企业也要审慎地发布宣传内容，可结合社会要求对信息进行监管，正确引导消费者的兴趣，注重营造充满正能量的社会氛围。

4）好胜，但缺乏耐心

网络消费者以年轻人为主，他们好胜心强，但比较缺乏耐心。当他们搜索信息时，往往会比较关注搜索所花费的时间，一旦网络连接、传输的速度比较慢，就会马上离开当前页面或站点。另外，对于限量版商品，网络消费者普遍存在好胜心理，因而更愿意花时间、精力去抢购，抢购成功对他们来说已成为一种"隐性的炫耀"。企业应仔细分析网络消费者这方面的特点，在网页、APP 或网店等的设计中优化页面的转换和加载速度；或者改进加载等候的界面，使其变得更生动有趣、更人性化。同时，企业也应策划针对网络消费者好胜心理的营销活动，以吸引和留住他们，如小米的饥饿营销策略，限量发售新款手机是迎合消费者好胜心理的经典案例。

5）追求便利和享受

消费者进行网购，除了能够满足自身实际的购物需求以外，还能接收到大量的信息，并得到在各种传统商店得不到的乐趣。网络消费者一般有两种追求：一部分工作压力较大、紧张程度高的消费者以方便性购买为目标，他们追求的是节省时间和劳动成本；另一部分拥有较多可自由支配时间的消费者，他们希望通过消费来寻找乐趣。面对具有不同追求的消费者，企业应采取不同的营销策略，只有投其所好才能吸引更多消费者。

6）注重个人隐私安全

随着网络上用户个人信息被泄露事件频频爆发，网络消费者越来越关注包括个人隐私信息和重要支付记录等在内的安全问题。网络消费者购物的支付环节是对信息安全性要求最高的环节。这一环节如果出现问题，就会失去消费者的信赖，引发信任危机，造成交易失败。因此，

【课程思政】——
保护个人信息，维护自身权利

谁动了我的个人信息？

企业必须加强网络交易支付过程、消费者个人隐私记录的安全性，通过多方合作为消费者提供健康安全的购物环境。

2. 网络消费者需求与行为特征

随着网络市场的日趋成熟，网络消费者的消费观念、消费需求也发生了重要的变化，其个性化、多元化的需求给企业带来了挑战和机遇。互联网的迅速发展也促进了消费者主权地位的提高，使消费者的购买行为更加理性、更为成熟。

1）消费需求的个性化

随着工业化和标准化生产方式的发展，消费者的个性需求被大量低成本、单一化、标准化的产品所淹没。网络营销发展起来之后，消费品市场变得越来越丰富，产品选择范围全球化、产品设计生产多元化和信息沟通渠道便利化使消费者定制产品成为可能，使市场营销回归个性化的本质。个性化消费成为消费的主流，个性化营销也成为网络营销的特色和核心。

2）消费需求的差异性

一方面，消费需求的个性化使网络消费需求呈现出差异性。另一方面，不同的网络消费者因所处的环境不同，会产生不同的需求；不同的网络消费者即使处于同一需求层次，他们的需求也会有所不同。网络消费者来自世界各地，他们拥有不同的信仰和生活习惯，因而消费需求会出现明显的差异性。企业在从产品的构思、设计、制造到产品的包装、运输、销售的整个过程中，都应认真考虑消费需求的差异性，进而采取相应的措施和方法。

3）消费目标的多元化

网络营销使人们消费心理的稳定性降低，转换速度加快，直接表现就是消费品更新换代加快。与此同时，这种情况又使消费者求新、求变的需求和欲望进一步得到加强。由于网购的便利性，消费者在满足购物需要的同时，又希望能获得网购中的种种乐趣。因此，消费者在进行网购时，对消费结果和消费过程的关注并存。网络消费者既有以购买产品、享受产品服务为目的的，又有以享受购物过程为目的的。面对具有不同消费目的的消费者，企业应提供不同的服务，采取不同的营销策略。

4）消费行为的主动性

在社会分工日益细化和专业化的背景下，消费者的消费风险感随着他们选择的增多而上升。在许多大额或高档的消费中，消费者往往会主动通过各种可能的渠道获取与商品有关的信息并进行比较和分析，以便从中得到心理平衡，从而减轻消费风险感或购买后的后悔感，增加对产出的信任和心理上的满足感。消费行为的主动性还表现在消费者开始主动表达对商品及服务的需求，不再是被动地接受企业提供的商品或服务，而是根据自己的需求主动上网寻找适合的商品，或者通过网络主动向企业表达自己对某种商品的欲望和要求。消费行为的主动性特点对网络营销产生了巨大的影响。它要求企业必须迎合消费者的这种变化，不应再对消费者进行填鸭式的宣传，而是通过和风细雨式的影响，让消费者在主动比较与分析中做出购买决策。

5）消费沟通的互动性

在网络环境下，消费者能直接参与到企业的生产和流通中，与生产者直接进行沟通，主动表达自己的需求，从而为企业进行产品设计提供灵感；同时，买卖双方在消费过程中的互动与沟通也降低了市场的不确定性和信息的不对称性。

6) 消费决策的理性化

网络营销系统强大的信息处理能力，尤其是专业购物代理的出现及电子商务平台购物代理功能的实现，为消费者挑选商品提供了前所未有的理性空间。通过企业提供的产品和品牌的比较信息，消费者可以利用自己在网上得到的信息与之进行反复比较，进而决定是否购买。这就使消费决策得以建立在理性分析和判断的基础上。

7) 需求弹性的显性化

从消费的角度来说，价格虽然不是决定消费者购买的唯一因素，但一定是消费者购买商品时要考虑的因素。网购需求之所以如此之大，主要是因为网上销售的很多商品价格都比较低，从而极大地刺激了消费需求的增长。尽管企业都倾向于以各种差别化来减弱消费者对价格的敏感度，以免发生恶性竞争，但价格始终对消费者的心理产生着重要影响。相比于传统市场，网络市场的需求弹性更为显性化。

3. 消费者决策过程

消费者的决策过程即消费者购买行为形成和实现的过程，从购买需求到购买意向，再到形成购物行为，这期间主要会经历诱发需求、收集信息、比较选择、购买、评价5个阶段。

1) 诱发需求

消费者的需求往往是在内外因素的共同刺激下产生的，内部因素指消费者自身对某产品或服务的需要，如天气变化引发对衣服的需求。外部因素指消费者所处环境、所接受的信息促使消费者产生的需求，如频繁被网友提及的网红品牌，消费者便会对该产品产生需求。对于企业网络营销而言，该阶段的主要目的是设计需求诱因，刺激和唤醒消费者的需求。

2) 收集信息

消费者有了需求之后，为了满足这个需求，就会通过各种渠道来收集和了解该产品或服务的相关信息，此时企业就需要了解不同信息来源对消费者购买行为的影响程度，有针对性地设计合理恰当的信息传播策略。

3) 比较选择

消费者在了解产品和服务的信息后，通常还会对其进行选择比较：一是比较产品和服务的基本属性、品牌文化、功能效用等，二是比较产品价值与自身的购买能力。在比较选择环节，消费者参考的信息多源于网络，所以企业在该阶段应该正确详细地描述自己的产品和服务，丰富产品信息，打动和吸引消费者。

4) 购买

消费者在完成产品和服务的对比后，对备选产品产生偏爱，形成购买意向，就会进入购买决策阶段。在该阶段，企业形象、产品质量、支付手段都是非常重要的影响因素，因此企业应该提升消费者对企业和品牌的信任度，提供更安全、快捷的支付方式。

5) 评价

评价是消费者购买产品和服务之后的一种行为体现，主要是对产品和服务的使用感受，包括产品服务是否理想、服务是否周到等。评价影响着消费者的重复购买行为，企业应该在该阶段广泛、开放地收集消费者的评价，及时了解消费者的意见和建议，同时积极减少消费者购物

后的心理失调感，处理好消费者的不满情绪，提高消费者的满意度，甚至可以与消费者建立长期沟通机制，主动联系消费者并与其进行沟通。

同步实训

拓展学习：元气森林的快速崛起

1. 实训目的

会进行消费者群体分析。

2. 实训内容及步骤

阅读材料，思考问题。

梅雨季已过，三伏天到来。炎炎夏日里，来一瓶清凉舒爽的气泡水正成为很多人消暑解渴的不二选择。

气泡水缘何兴起？天猫饮料行业小二丰泽表示，气泡水的流行，离不开国内消费者对碳酸饮料的喜爱。但由于传统碳酸饮料普遍含糖，多喝不利于身体健康，因此近年来无糖气泡水在天猫迅速走红，并涌现出一批快速突围、各有特色的国货新品牌。

提到国内无糖饮品新风潮的领军者，不得不提元气森林。这家成立仅4年的新潮饮料品牌，凭借着搭准年轻人脉搏的创新型健康饮品，在几近饱和的万亿饮品市场中杀出了一条差异化道路。去年天猫双11，元气森林一举打败老牌巨头可口可乐，成为天猫饮品销量最高的品牌，并成功超越从线下发家的喜茶，成为饮品行业的新晋"独角兽"。

2016年，元气森林品牌成立之时，国内饮品市场长期被传统大牌占据，上有可口可乐、百事可乐双雄争霸，下有康师傅、统一、娃哈哈、农夫山泉等百家争鸣。想要打破僵局，元气森林将目光瞄准到了线上。

2017年5月，元气森林天猫旗舰店正式上线（yuanqisenlin.tmall.com），爆款元气水直击现代年轻人崇尚的无糖饮食理念，重点突出0糖、0脂、0卡，一经推出就赢得了市场和消费者的热捧。

入驻线上后，元气森林一方面增加客服人员配置、优化店铺页面结构，一方面尝试通过淘宝直播、定制专属周边等丰富的线上玩法，实现了销售额从零到破千万的爆发式增长。

从切中"无糖汽水"这一细分品类，在天猫上打出爆款，建立品牌认知，再到线下批量铺货，元气森林迅速壮大，并在此后快速推出了同样以无糖为卖点的燃茶、乳茶、健美轻茶等新产品。同时，公司启动子品牌计划，推出功能饮料品牌外星人和酸奶品牌北海牧场，从单一爆款朝着多品类、多品牌的方向齐头并进。其最新销售数据显示，公司2020年上半年销售额已经超过8亿元，并即将完成新一轮融资，投后估值高达140亿元。

思考：

试从网络消费者需求的角度分析元气森林的成功。

任务小结

1. 网络消费者的特征：注重自我、追求个性、头脑冷静、擅长理性分析、喜好新鲜事物、有强烈的求知欲、好胜但缺乏耐心、追求便利和享受，注重个人隐私安全。

2. 网络消费者消费需求呈现个性化、差异性、多元化，消费行为具有主动性、沟通的互动性、消费决策的理性化及需求弹性的显性化特点。

3. 消费者的决策过程经历诱发需求、收集信息、比较选择、购买、评价5个阶段。

习题

模块 2 网络营销工具和方法

🔴 模块概述

企业在网络营销活动中，常使用网络营销工具，采取合适的方法与策略，实现企业营销信息的发布、传递、与用户之间的交互，以达到影响客户购买行为的目的。常用的网络营销方法有 SEO 营销、微信营销、APP 营销、软文营销、微博营销、二维码营销、事件营销、网络视频营销、社群营销等。

🔴 内容构成

项目 3　SEO 营销

项目 4　微信营销

项目 5　APP 营销

项目 6　软文营销

项目 7　微博营销

项目 8　二维码营销

项目 9　事件营销

项目 10　网络视频营销

项目 11　社群营销

项目 3 SEO 营销

● 项目概述

SEO 营销是目前网络营销推广中,成本最低、效果最持久、流量大并最精准的方法。本项目将带领大家认识 SEO 营销、会进行关键词优化及进行 SEO 效果分析,从而吸引网络用户,进一步了解产品、最终咨询转化。

● 学习目标

知识目标:
掌握 SEO 营销的基础知识;掌握关键词优化的概念和方法。

能力目标:
会优化关键词;能够熟练使用 SEO 工具;能够监控网站搜索引擎优化效果。

● 思政目标

引导学生树立良好职业道德,勇于承担社会责任;提升法治意识,做懂法守法的时代新人。

● 工作任务

任务 1　认识 SEO
任务 2　关键词优化策略
任务 3　SEO 效果分析

任务1 认识SEO

问题引入 ▶

只知道开淘宝店，只知道砸品牌，只知道做普通流量进行网络营销的，一般会达到99.9%的死亡率。真正会做网络营销的人才知道在网络上要获得成功，就得去做定向流量。定向流量是指通过网络营销带来的访客本身就是对产品感兴趣的人群。找到他们，基本就实现了销售的一半。那么正确的性价比高的定向流量获取方式，又是什么样的？

解决方法 ▶

定向流量可以从其他网站平台"引"过来，主要通过搜索平台、购物平台和社交平台这些渠道获得。而这三大平台中，搜索平台起到了绝对重要的位置。据统计，目前通过网络创造的销量，60%都是通过搜索平台完成的。而通常，从搜索引擎上吸引定向流量的方式有两种：SEM和SEO。SEM是指付费获得搜索引擎的付费排名段，而SEO是指免费获得搜索引擎的自然排名段。因此研究SEO，就是免费发掘搜索平台流量，是性价比高的网络营销方法。

任务实施 ▶

1. SEO

SEO 是 Search Engine Optimization 的缩写，是搜索引擎优化的意思。 SEO是通过研究各类搜索引擎如何抓取互联网页面和文件，以及研究搜索引擎进行排序的规则，来对网页进行相关的优化，使其有更多的内容被搜索引擎收录，并针对不同的关键字获得搜索引擎左侧更高的排名，从而提高网站访问量，最终提升网站的销售能力及宣传效果。SEO是基于搜索引擎的一种免费网络推广方式。

趣谈SEO进化史

简单来说，**SEO是对网站进行站内优化和站外优化，使网站的关键词在搜索引擎中获得排名。SEO不是纯技术，是网站营销的一部分，属于被动式营销**。SEO是针对网络的传播模式，把目标内容（广告、产品、品牌）传递给目标用户的最有效的途径。

举个例子，某企业要买工业洗衣机，但不知道哪家工业洗衣机好，企业采购人员会在百度中搜索"工业洗衣机"等词，这时百度会给用户展示很多相关网站，有付费的，有免费的。标注"广告"的是使用百度推广的付费的网站，标注"百度快照"的是免费排名的网站，如图3-1所示。采购人员会一个一个打开网站进行比较、咨询。如果销售工业洗衣机的网站能够排在百度搜索结果首页展现，那么该采购人员就能看到网站、点击、了解、咨询、成交。如果网站在百度首页或前几页没能展现，那么采购人员根本看不到，更不用说点击、咨询了。如果想不花钱将自己的网站排在百度首页，就需要对网站进行优化，这就需要SEO。

标注"广告"的网站使用SEM（Search Engine Marketing），被称为竞价营销，是通过网站付费的方式获得网站排名效果，支付费用越多排名越靠前。SEM和SEO的最终目的都是给网站引流，带来经济效益。对于公司来说，SEM和SEO各有利弊，如表3-1所示。

项目 3　SEO 营销

图 3-1　百度搜索结果

【课程思政】——
承担社会责任

魏则西之死拷问
企业责任伦理

表 3-1　SEO 和 SEM 优劣势

营销方式	优势	劣势
SEO	免费的营销方式，预算低 网站自然排名，用户信任度高 排除负面信息，更容易吸引点击	耗时长 效果不稳定 只能排在付费网站后边
SEM	精准投放，排名靠前 根据关键词定价，覆盖人群精准 即时流量，保持品牌曝光度	付费推广，没有长期效益 点击即收费，费用较高 过度依赖关键词精准度

SEO 只是网络营销的一部分，是搜索引擎营销的一部分。

2. SEO 的价值

SEO 的价值体现在很多方面，如提升网站流量、提高目标客户的精准性、提高品牌知名度等，具体体现为：

1）提升网站流量

在网站优化过程中，通过 SEO 来提高网站的自然排名，从而提高网站的流量。网站获得的流量提升之后，也有利于提高网站的商业价值，如可以在网站中出售广告位，销售产品或者服务等。

2）提高目标客户的精准性

在优化网站时，如果网站优化到位，从产品介绍、服务介绍、联系方式等各方面都满足用

【课程思政】——
提升法治意识，做
懂法守法的时代新人

《互联网信息搜索
服务管理规定》

户的需求，网站用户体验的满意度会提升。另外，在网站的后台，可以进行数据分析，SEO 人员可以针对用户的访问数据对网站进行相应的优化，这样更容易提高网站的流量和目标用户的精准性。

3）提高品牌知名度

SEO 一个很重要的作用，就是建立企业品牌和提高企业知名度。通常情况下，通过 SEO 的手段来提高品牌知名度，并不是使网站的名称获得好的排名，而是提高网站的关键词排名。利用 SEO 手段优化网站时，优化的是关键词，而用户有需求时，搜索的也是关键词，搜索关键词的用户有直接的需求。利用 SEO 来建立企业品牌，最大的好处就是精准性和目的性都很强。

综上所述，SEO 的价值是处处存在的，网站要想真正地长期运营下去，必须去精心优化，这样才能真正符合用户的需求，也会越运营越好。

3. SEO 的优势与劣势

1）SEO 的优势

（1）**客户主动上门**。只要把网站优化到搜索引擎首页，用户有需求就会主动搜索，只要网站体验好，能够打动用户，就会有理想的转化率。

（2）**营销成本低**。网站通过实施 SEO，可以使一些关键词的排名提高。花的费用也只是人员成本，而且用户点击是免费的。

（3）**性价比高**。SEO 在各种推广方法中是最省钱，并且效果最持久的。

（4）**长期有效性**。PPC（付费点击）、网络广告等方式，一旦停止付费，或是停止投放，网站的流量也就随即停止了。做 SEO，只要提高了自己网站本身在搜索引擎中的自然排名，网站的流量会一直存在，而如果网站的自然排名上去了，也很难掉下来。

2）SEO 的弊端

- **见效时间长**。通常，SEO 的见效时间，根据关键词的难易程度需要 1~3 个月时间，但对于冷门行业，只要简单优化，一两周就可以看到效果。
- **沟通成本大**。SEO 需要与很多部门配合，如产品、设计、技术、编辑、PR 等，沟通成本非常大。

4. SEO 技术基础

搜索引擎作为互联网的基础应用，在掌握 SEO 技术之前，要先了解搜索引擎的原理。想要做好 SEO 工作，就必须要了解关于 SEO 的名词术语。

1）搜索引擎基本工作原理

搜索引擎的工作过程基本上可分成 3 个阶段：抓取网页→建立索引数据库→在数据库中搜索排序。互联网类似于一个巨大的蜘蛛网，搜索引擎的程序通过对网络的不断探索，将优质的网页抓取到自己的数据库中。引擎蜘蛛遍历所有页面，并跟踪链接，从一个网页到另一个网页。为了保证采集数据的有效性，引擎蜘蛛还会回访抓取过的网页。当用户搜索某个关键词时，包含关键词的网页都会展示出来，搜索引擎在其中选择与关键词相关度高、内容质量好的网站依次排序。

搜索引擎算法

2）SEO 常用术语

网站权重。 网站权重主要取决于网站布局的好坏以及用户体验。权重高的网站，排名靠前，受用户喜欢，点击率高。通过站长之家（http://rank.chinaz.com/）可以查看网站的权重。如图 3-2 所示。

图 3-2　网站权重查询

网站权重分为 9 个等级，网站质量越好权重越高，反之权重越低，表 3-2 为百度权重规则。

表 3-2　百度权重规则

权重等级	流量	权重等级	流量
权重 0	无	权重 1	预计流量 1~99
权重 2	预计流量 100~499	权重 3	预计流量 500~999
权重 4	预计流量 1000~4999	权重 5	预计流量 5000~9999
权重 6	预计流量 10000~49999	权重 7	预计流量 50000~199999
权重 8	预计流量 200000~999999	权重 9	预计流量 1000000 以上

收录。 收录指百度搜索引擎把网站的统一资源定位符（Uniform Resource Locator，URL）收入自己的数据库。将页面网址输入到百度搜索框中即可查看页面是否被收录。查看网站收录量可以使用 site 指令，例如，查看"北京理工大学出版社"的收录量，输入 site:bitpress.com.cn。如图 3-3 所示。

TDK 标签。 TDK 标签对 SEO 效果有决定性作用，是网站的核心内容，涵盖了网站标题、网站关键词以及网站描述。T（Title）：标题标签，Title 中显示出网站关键词，有利于网站排名。D（Description）：描述标签，字数在 60~80 字，至少出现一次核心关键词。K（Keywords）：关键词标签，与网站主题紧密相关，数量在 3~5 个为宜。

PV。 PV 是页面浏览量（Page View，PV）以 00:00—24:00 为统计时间段，在这段时间内用户每打开一次网页或刷新一次页面，PV 值 +1。通过百度统计可以准确查看网站每天的

图 3-3 网站收录量查询

PV 值，如图 3-4 所示。

<u>UV</u>。访客数（UV）指一天内网站的独立访客数，一天内同一访客多次访问网站只计算 1 个访客。

<u>网站跳出率</u>。网站跳出率指的是一段时间内只浏览一页就离开的用户占总访问数的比例，用户浏览网站页数越多，跳出率越低，反之越高。跳出率低代表网站黏度高，用户体验好，跳出率是衡量网站质量的重要因素。通过百度统计可查看网站跳出率，如图 3-4 所示。

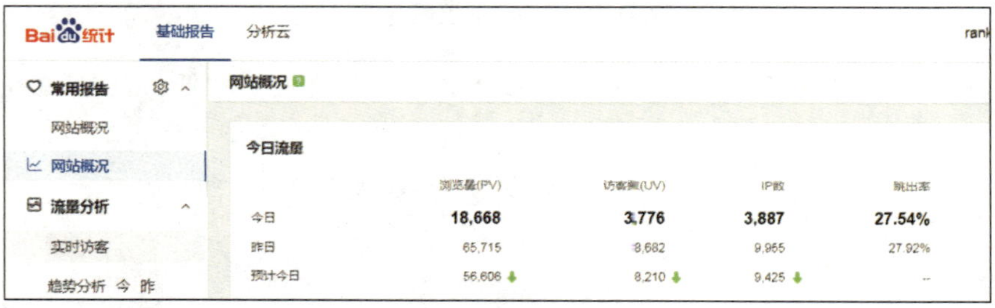

图 3-4 百度统计查看 PV 值、跳出率和 UV

<u>内链与外链</u>。内链是指网站内容页之间的互相链接。外链是指从别的网站链接到自己的网站，起到引流作用，包括合作型外链、友情链接和内容导向链接。

合作型外链是寻找权重较高、产品与自己一致的网站进行单向外链，可以将高权重网站的流量引入自己站内，这种外链大多是收费的。

友情链接（简称友链）是指网站互换链接，将对方链接置于网站底部，有利于双方互相引流，友情链接包括首页链接和全站链接。首页链接是指双方网站在首页放置对方的链接；全站链接是指首页和内页都放置对方的链接。全站链接比首页链接带来的流量更多，网站权重增速更快。友情链接要选择与本站主营产品或服务一致或相关的平台，对方网站每天定时更新，权重差距不宜过大。网站友情链接数量宜控制在 20 ~ 30 个，注意分散添加，每个月都要有更新。

内容导向链接。内容导向链接是以内容为导向设置外链，提升网站在行业中的知名度，比如编程网站，可以与 CSDN、博客园这样的网站进行链接。

<u>引擎蜘蛛</u>。百度或谷歌等搜索引擎都有一套抓取网站页面的程序。这个抓取程序叫作引擎蜘蛛，它可以通过网站的 URL 抓取网站信息。网站收录和排名离不开引擎蜘蛛的爬行。

项目3　SEO 营销

同步实训

使用搜索引擎

1. 实训目的

掌握搜索引擎及常用搜索指令的使用方法，了解 SEO 在搜索引擎中的显示效果。

2. 实训内容及步骤

（1）使用百度搜索引擎搜索搜索引擎指令相关文章，在搜索结果中选择百度经验文章《教你怎样用搜索引擎命令》阅读学习，使用搜索指令查询网址中包含"notebook"文本，页面标题中包含"笔记本电脑"关键词的网页。

（2）在百度中查看关键词"运动品牌"的 SEO 和百度竞价的显示效果。

任务小结

1. SEO 是对网站进行站内优化和站外优化，使之关键词在搜索引擎中获得排名。SEO 不是纯技术，是网站营销的一部分，属于被动式营销。

2. SEO 能提升网站流量、提高目标客户的精准性、提高品牌知名度。

3. SEO 具有客户主动上门、营销成本低、性价比高、长期有效性的优点，也存在见效时间长、沟通成本大的缺点。

4. 搜索引擎的工作过程基本上可分成 3 个阶段：抓取网页→建立索引数据库→在数据库中搜索排序。

问题引入 ▶

用户为了寻找某个产品或者某个服务，在百度等搜索引擎的搜索框中输入的文字就是关键词，也就是用户搜索的词。用户在搜索引擎中搜索某个关键词时，如果我们的网站能够排到搜索结果的前面，这样，当用户点击我们网站，就等于给网站带来了精准的流量，通过咨询最终实现销售。因此，优化关键词对于提升网页排名变得越来越重要。如何进行关键词优化呢？

解决方法 ▶

关键词是做 SEO 的基础和根本，关键词优化主要包含核心关键词及长尾关键词的选择与布局。

任务实施 ▶

1. 核心关键词的优化

对企业来说，搜索量最大、最赚钱、能带来精准用户的产品词就是核心关键词。大部分企业网站只优化网站首页，即只优化首页中的几个核心关键词。核心关键词具有以下特征：

❶ 核心关键词一般作为网站首页的标题。
❷ 核心关键词一般是由 2～4 个字构成的一个词或词组，名词居多。
❸ 核心关键词在搜索引擎每日都有一定数目的稳定搜索量。
❹ 搜索核心关键词的用户往往对网站的产品和服务有需求，或者对网站的内容感兴趣。
❺ 网站的主要内容围绕核心关键词展开。

可以依据**用户搜索量比较大的、代表用户购买意图、与自身产品或业务相关**的三条原则选取核心关键词。

(1) **核心关键词的选择方法**，具体包括以下三点：

❶ 自我分析。分析自身的产品或者服务相关的关键词有哪些，用户会怎么搜。
❷ 分析竞争对手的网站。在百度或者其他搜索引擎中输入核心关键字，然后分析相关的标题是如何写的。
❸ 利用百度相关搜索词。在搜索框中输入搜索词时，百度自动会显示下拉框提示工具，如图 3-5 所示。出现在这个位置的词也是搜索量大的，而且是最近搜索频率比较高的一些词。此外，也可以利用百度底部的相关搜索，如图 3-6 所示。

图 3-5　百度下拉框提示工具

图 3-6　百度底部的相关搜索

(2) **研究关键词的竞争程度**。核心关键词选出来后，不是每一个符合原则的关键词都能作为核心词优化的，因为有些关键词的竞争程度非常激烈，如果选了竞争程度大的词，需要花很长时间才能见效，如果想获得较好的效果，需要找竞争适中的关键词。可以通过以下方法判断关键词的竞争程度。

❶ 竞争对手网站数量。分析有多少网站在重点优化这个关键词，以此来判断竞争程度。具体做法是，在百度搜索想优化的关键词，观察前五页的搜索结果，如果前五页的搜索结果都是网站首页，而且这些网站首页都做了关键词优化，那通常就属于竞争比较激烈的词。搜索引擎前五页网站数量与关键词竞争程度的关系如表 3-3 所示。

表 3-3　搜索引擎前五页网站数量与关键词竞争程度的关系

搜索引擎前五页主域名网站数量	竞争程度
1～10 个	小
10～30 个	中
30～50 个	大

❷ 搜索结果页的相关搜索数。输入你想优化的关键词，看百度搜索结果的数目，数目越多越激烈，如图 3-7 所示。搜索结果数与关键词竞争程度关系，如表 3-4 所示。

项目 3　SEO 营销

图 3-7　百度搜索结果

表 3-4　搜索结果数与关键词竞争程度关系

相关结果数	竞争程度
10 万 ~ 50 万	小
50 万 ~ 100 万	中
100 万 ~ 500 万	比较大
500 万 ~ 1 000 万	大
1 000 万以上	非常大

❸百度指数。通过百度指数（https://index.baidu.com/）查看想优化的关键词每天的搜索量。一个关键词搜索量大，竞争也越大，因为这样的词，优化的人多。"羽绒服"的百度指数图，如图 3-8 所示。百度指数与关键词竞争程度关系表，如表 3-5 所示。

使用百度指数

（3）**设置网站标题**。核心关键词确定后，开始围绕核心关键词设置网站标题。在百度中搜索信息时，结果页中出现的大号字体即为网站标题，如图 3-9 所示。网站标题要控制在 30 个汉字以内，如果标题太长，那么超出的部分在百度中无法显示，多出的字会被省略号代替。

图 3-8　百度指数图

表 3-5　百度指数与关键词竞争程度关系

百度指数	竞争程度
100 以下	小
100 ~ 500	中
500 ~ 1 000	比较大
1 000 以上	大

图3-9 百度搜索结果页中的网站标题

网站标题中包含的关键词太多会分散权重。关键词越多，每个关键词分到的权重就越少，不利于关键词的排名。

设置网站标题时，不同的关键词之间要用符号隔开，让搜索引擎和用户更好地识别网站是做什么的。常用的符号有"｜""，""-"等。

（4）**核心关键词布局**。核心关键词不光布局在网站标题中，还需要布局到页面的各个位置，增加相关性。关键词的布局简单来说就是把要优化的核心关键词合理地分布在网站上，并且让核心关键词出现达到一定密度（2%~8%），让搜索引擎认为与网站和用户搜索的词相关。核心关键词可以布局到网站标题、网站描述、网站导航、网站的版块、网站底部版权和友情链接、文章标题、文章内容等位置。

2. 长尾关键词的优化

长尾关键词（Long Tail Keyword）是指网站上**非核心关键词**但也可以**带来搜索流量**的关键词。长尾关键词的特征是比较长，往往是由2~3个词组成，甚至是短语，存在于内容页面，除了内容页的标题，还存在于内容中。长尾关键词的搜索量非常少，并且不稳定。**长尾关键词带来的客户，转化为网站产品客户的概率比目标关键词高很多**，因为长尾关键词的目的性更强。存在大量长尾关键词的大中型网站，其带来的总流量非常大。例如，核心关键词是鞋，男鞋，其长尾关键词可以是红色耐克慢跑男鞋等。长尾关键词基本属性是：可延伸性、针对性强、范围广。

长尾关键词是长尾理论在关键词研究上的延伸。"长尾"具有两个特点：细和长。细，说明长尾是份额很少的市场，在以前这是不被重视的市场；长，说明这些市场虽小，但数量众多。众多的微小市场累积起来就会占据市场中可观的份额——这就是长尾的思想。长尾SEO理论示意图，如图3-10所示。

项目 3　SEO 营销

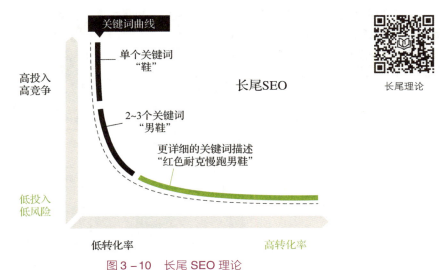

图 3-10　长尾 SEO 理论

长尾关键词的优化方法：

❶ 利用长尾词撰写标题。

❷ 长尾关键词在整篇文章中出现多于 3 次，尽量在文章开头、中间、结尾或每段中均出现，第一次出现需加粗。

❸ 图文并茂、排版整齐，不仅为了优化，更需要让内容对用户有价值、有帮助，让用户有好的阅读体验。

❹ 做好站内相关模块的内部链接。

同步实训

关键词选取及百度分词技术

1. 实训目的

掌握选取核心关键词及长尾关键词的方法，了解百度分词技术。

2. 实训内容及步骤

背景：

- 公司名称：北京青华健身俱乐部。
- 所在城市：北京。
- 所涉项目：健身操/健身舞、室内器械健身、拳击运动、瑜伽健身。
- 公司简介：青华健身成立以来，一直专注于室内健身运动，立志发展成为国内大型的室内健身运动品牌。

根据对青华健身俱乐部业务的了解，为其网站选取 3 个核心关键词，30 个长尾关键词。

步骤：

(1) 通过搜索引擎、竞争对手网站等多种方式搜集青华健身俱乐部网站的关键词。

（2）利用百度工具查询搜集的关键词的搜索量和竞争度，以表格形式记录下来。选择搜索量中等、竞争度中等偏上的词作为核心关键词。

（3）通过思维导图、分析竞争对手网站等方式搜集青华健身俱乐部网站的长尾关键词。思维导图的使用如图 3-11 所示。

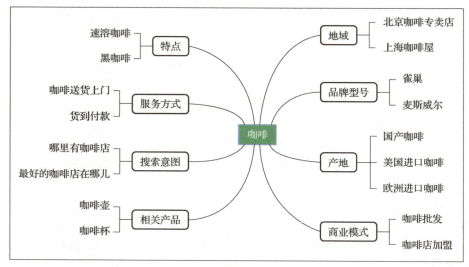

图 3-11　使用思维导图寻找咖啡长尾关键词

（4）拓展学习《教你简单快速理解"百度分词技术"》（扫码二维码学习）。

任务小结

1. 关键词是做 SEO 优化的基础和根本，关键词有核心关键词、长尾关键词、次要关键词。
2. 关键词优化包含核心关键词及长尾关键词的选择、研究竞争度与布局。
3. 核心关键词的选取逻辑：相关性高、搜索量高、竞争度低；选取方法：自我分析、分析竞争对手的网站和百度下拉框及相关搜索。
4. 长尾关键词的选取逻辑：相关性高、搜索量低、竞争度低。
5. 长尾理论的核心内容：长尾关键词流量之和大于核心关键词流量之和。
6. 可以通过竞争对手网站数量、搜索结果页的相关搜索数和百度指数来判断关键词的竞争程度。

教你简单快速理解"百度分词技术"

任务3　SEO效果分析

> 问题引入 ▶

网站经过前面的关键词选择，关键词部署，效果如何呢？

项目3　SEO营销

> 解决方法 ▶

衡量SEO效果的主要指标有关键词的排名、网站的收录量、链接数量、网站的PR值和SR值等指标。

> 任务实施 ▶

1. 关键词的排名

SEO效果监测的重要指标之一就是关键词排名。一般来说，需要监测的关键词主要包括首页目标关键词、分类页目标关键词及文章页面关键词。SEO人员在搜索引擎提交关键词，可以直接查询优化的效果，也可以利用工具软件（站长之家）查询，定期查看网站关键词的排名情况，并记录下来以便于日后的数据分析。但要注意，同一个网站，同一个网页，即使同一个关键词，不同的时间，不同的搜索引擎，排名的顺序是不一样的。

2. 应用站长工具查询网站的PR值

网站的PR值（全称为PageRank），**是搜索引擎搜索排名算法中的一个组成部分**，级别从1级到10级，10级为满分。PR值越高说明该网页在搜索排名中的地位越重要，也就是说，在其他条件相同的情况下，PR值高的网站在搜索引擎搜索结果的排名中有优先权。同一个网站，不同的搜索引擎，PR有所不同。使用站长之家网站站长工具查询网站的PR值，如图3-12所示。

图3-12　使用站长工具查询网站的PR值

3. 网站收录量的查询

网站收录按照所属搜索引擎可以划分为百度收录、谷歌收录、搜狗收录、360收录等，查询网站总收录数可以使用site:指令查询一个网站在搜索引擎中的总收录量，查询形式为site：+域名。例如，查询新浪网的总收录量就是site:www.sina.com.cn，如图3-13所示。

4. 搜索引擎优化综合查询

利用一些提供查询服务的网站（http://seo.chinaz.com）和工具进行综合查询服务，并能针对搜索引擎优化提出合理化的建议。

图 3-13　查询网站收录量的详情页面

5. 利用网站的后台统计工具对网站的流量查询

百度统计是百度推出的一款专业网站流量分析统计工具，通过相关数据的监控功能与百度推广的紧密集成，能够了解到百度推广的效果。百度统计提供了几十种图形化报告，全程跟踪访客的行为路径，能够了解访客是如何找到并浏览目标网站的，以及如何改善网站的使用体验，提升网站的投资回报率；并且帮助监控各种网络媒介推广效果，及时了解哪些关键词、哪些创意的效果最好。

目前，百度统计完全免费地提供给百度推广、百度联盟用户和普通用户使用，百度统计代码的获取与安装有以下两个简单的步骤。

（1）**免费开通**。可以登录百度推广后台、百度联盟和百度统计首页，免费注册和开通。

（2）**安装代码**。开通后，输入监控网站主域名并且确认协议，复制统计代码，如图 3-14 所示。在网站源代码中添加图 3-14 所示代码，如图 3-15 所示。

图 3-14　在百度统计中获取统计代码

安装方法：

❶ 请将代码添加到网站全部页面的 </body> 标签前。

❷ 建议在 header.htm 类似的页头模板页面中安装，以达到一处安装，全站皆有的效果。

❸ 如需在 js 文件中调用统计分析代码，请直接去掉以下代码首尾的 <script type="text/javascript"> 与 </script> 后，放入 js 文件中即可。

❹ 如果代码安装正确，一般 20 分钟后，可以查看网站分析数据。

❺ 刚安装后可能暂时出现浏览器缓存问题导致的统计误差。

代码正确添加后，进入百度统计，即可看到含有丰富数据的概况页和网站的流量报告，方便从全局了解网站流量情况。

项目 3　SEO 营销

```
<!DOCTYPE HTML>
<html>
<head>
    <title> New Document </title>
    <meta name="Keywords" content="">
    <meta name="Description" content="">

    <!--您网站的样式表/脚本-->

    <script>
        var _hmt = _hmt || [];
        (function() {
            var hm = document.createElement("script");
            hm.src = "https://hm.baidu.com/hm.js?09c5d4daddb9b6250ba93075257e58a2";
            var s = document.getElementsByTagName("script")[0];
            s.parentNode.insertBefore(hm, s);
        })();
    </script>
</head>                                                     访问分析代码
<body>
    <!--您网站的页面代码-->
</body>
</html>
```

图 3-15　网站源代码中加入百度统计代码

通过百度统计报告，能够进行趋势分析，洞悉网站的流量趋势；能够知道访客来自哪些地域、哪些网站，通过哪些搜索引擎和推介网站进入网站。

同步实训

SEO 综合查询工具的使用

1. 实训目的

掌握使用 SEO 综合查询工具查询与分析网站的 SEO 信息的方法。

2. 实训内容及步骤

使用站长之家的 SEO 综合查询工具查询某宠物网站的 SEO 信息，并查看其中的 SEO 综合信息、百度趋势、关键词信息、页面 TDK 信息、收录/索引信息、竞争网站、相关子域名、安全信息、服务器信息等内容。

步骤：

（1）查看 SEO 综合信息。
（2）查看百度趋势。
（3）查看关键词信息。
（4）查看页面 TDK 信息。
（5）查看收录/索引信息。
（6）查看竞争网站，子域名。
（7）查看安全信息。
（8）查看服务器信息。
（9）扫描右侧二维码阅读学习《SEO 常见问题》。

SEO 常见问题

任务小结

衡量SEO效果的主要指标有关键词的排名、网站的收录量、链接数量、网站的PR值和SR值等指标。

习题

项目 4 微信营销

● 项目概述

在移动互联网营销中受关注度最高、应用最广泛,甚至在移动互联网营销的概念还没有兴起之前,微信营销已经非常火爆,早已深入人心。通过本项目的学习我们可以深入了解微信的操作和营销方法。

● 学习目标

知识目标:
了解微信的功能;了解微信个人号和公众号的应用;掌握微信营销方法。

能力目标:
会使用微信基本操作;会进行个人号及公众号的推广与运营。

● 思政目标

提升依法依规自律能力,营造良好网络环境;关注现实问题,会辨别善恶;提升自我保护能力;遵守职业规范,提升职业道德修养。

● 工作任务

任务1　认识微信营销
任务2　使用微信
任务3　微信个人号营销
任务4　微信公众号营销

任务1　认识微信营销

问题引入 ▶

微信（WeChat）是腾讯公司于2011年1月21日推出的一个为智能终端提供即时通信服务的免费应用程序，目前我国微信的用户数已经超过十亿人，微信已不仅仅是一款社交通信工具，它已经渗入人们生活的方方面面。在碎片化的移动互联网时代，微信用各种连接方式使用户形成全新的习惯，以人为中心，以场景为单位的连接体验催生了微信营销，微信能帮我们解决什么问题？微信营销的价值何在？

解决方法 ▶

与网站、博客、微博不同，微信不是开放的平台，而是一个基于好友关系形成的闭环，产生的内容也是在有限的圈子里传播。以微信朋友圈口碑传播为主要表现形式的微信营销，因为拥有了海量用户和实时、充分的互动功能，正成为营销利器。微信能帮助企业打造自媒体、能有效连接用户、能管理客户关系。微信个人号有输出个人品牌、刺激产品销售和维护客户关系的价值，微信公众号有信息入口、客户服务、电子商务、用户调研、品牌宣传及线上线下营销的价值。

任务实施 ▶

1. 认识微信

微信（WeChat）是腾讯公司于2011年1月21日推出的一个为智能终端提供即时通讯服务的免费应用程序。 微信是一个超过十亿用户使用的手机应用，支持发送语音短信、视频、图片和文字，可以群聊，消耗流量少，适合大部分智能手机，是一个能改变生活方式的产品。微信基本上沿着"积累用户数量—增强用户黏性—培养用户习惯—探索商业模式"的路线发展。

微信发展史

对个人和企业而言，微信的用途并不相同，个人开通微信叫微信个人号，微信个人号可以同朋友们进行微信交流、联系，还可以通过朋友圈进行互动。微信公众平台是腾讯公司在微信基础平台上增加的功能模块。通过这一平台，个人和企业可以打造自己的微信公众号，并在微信公众平台上实现和特定群体以文字、图片、语音等进行全方位沟通、互动。对企业而言，运营微信更多意味着运营微信公众号、微信群，包括培养业务人员到朋友圈发推广信息等。

2. 微信营销的定义

微信营销是网络经济时代企业或个人营销模式的一种，是伴随着微信的火热而兴起的一种网络营销方式。 微信不存在距离的限制，用户注册微信后，可与周围同样注册的"朋友"形成一种联系，订阅自己所需的信息，商家通过提供用户需要的信息，推广自己的产品，从而实现点对点的营销。

3. 微信营销的特点

1) 点对点精准营销

微信拥有庞大的用户群，借助移动终端、天然的社交和位置定位等优势，每个信息都是可以推送的，能够让每个个体都有机会接收到这个信息，继而帮助商家实现点对点精准化营销。

2) 形式灵活多样

（1）**朋友圈**。用户可以发布文字、语音或者图片等，有用户需要时也可以实现一对一的交流和互动，如图4-1所示。

（2）**微信群**。既可以一对一互动，也可以一对多互动，尤其是那些需要大范围传播、广而告之的内容极适合发布在微信群中，如图4-2所示。

图4-1 微信朋友圈营销

图4-2 微信群营销

（3）**位置签名**。商家可以利用"用户签名档"这个免费的广告位为自己做宣传，附近的微信用户就能看到商家的信息，如图4-3所示。

（4）**二维码**。用户可以通过扫描识别二维码身份来添加朋友、关注企业账号；企业则可以设定自己品牌的二维码，用折扣和优惠来吸引用户关注，开拓线上线下（Online To Offline，O2O）的营销模式。

（5）**开放平台**。通过微信开放平台，应用开发者可以接入第三方应用，还可以将应用的LOGO放入微信附件栏，使用户可以方便地在会话中调用第三方应用进行内容选择与分享。例如美丽说的用户可以将自己在美丽说中的内容分享到微信中,可以使一件美丽说的商品得到不断的传播,进而实现口碑营销。

(6) **公众平台**。在微信公众平台上,每个人都可以用一个QQ号码打造自己的微信公众账号,并在微信平台上实现和特定群体的文字、图片、语音的全方位沟通和互动。

3) 用户主导

微信的营销是基于用户许可的。除非主动通过扫描二维码或者输入账号的方式添加企业微信平台,否则不可能收到来自这个品牌的微信消息。粉丝的质量远高于微博的,只要发送的内容符合订阅用户的心意,就很有可能获得忠诚的客户。

图 4-3　K5 便利店位置签名

4) 成本低廉

无论是注册微信账号,还是获得腾讯官方认证都是免费的,这就意味着使用微信营销的成本几乎为零,而对于大型品牌来说,进行微信营销的投入也无非是雇佣维护人员的工资。

4. 微信营销的价值

1) 微信个人号的营销价值

微信个人号的营销是一种点对点营销,可以对目标人群提供更持续、更精准的服务,并在服务基础上做一定程度的口碑传播。对于微信个人营销号来说,不管是建立个人品牌、刺激产品销售还是维护客户关系,都具有非常良好的效果和价值。价值主要有以下三个方面:

(1) **建立个人品牌**。个人品牌是指个人拥有的外在形象、内在涵养所传递出的独特、鲜明、确定、易被感知的信息集合体,通俗地说,即被相关者持有的较一致的印象和口碑。在互联网经济时代,自媒体迅速发展,品牌已经不再是企业或产品所独有,具有鲜明个性和情感特征的个人品牌,在符合大众消费心理或审美需求的情况下,也可以转化为可持续的商业价值。

(2) **刺激产品销售**。微信营销兴起之时,出现了一个新词——移动社交电商,移动社交电商是指基于移动互联网的空间,以社交软件为工具,以人为中心,以社交为纽带的新商业,微商即是移动社交电商的变现形式之一。通过个人微信朋友圈发布产品信息,通过微信聊天功能提供咨询沟通,通过微信支付功能完成付款和交易,这个过程不仅为产品销售提供了便捷的途径,也为产品服务提供了广阔的空间。

(3) **维护客户关系**。微信作为一种主流的沟通手段,具有便捷、即时的特点,不管是聊天,还是朋友圈互动,都可以有效增强与微信客户的感情联系,促进双方的互相了解,培养客户的信任感和忠诚度。对于移动社交电商而言,感情联系、信任才是最有效的营销媒介。

2) 微信公众号的营销价值

个人或企业通过公众号可以进行自媒体活动,即一对多的媒体性行为活动。需要进行微信营销的个人或企业,都可以借助微信公众号的价值,结合客户的需求提供相应的服务。微信公众号的营销价值主要有以下六个方面:

(1) **信息入口**。移动互联网时代,企业需要官方入口提供信息服务,用户通过搜索微信公众号昵称就可以获得企业介绍、产品服务、联系方式等信息,也可以单击公众号中的菜单直接跳转到官网。

(2) **客户服务**。微信作为用户的天然沟通工具,极大地方便了用户与企业沟通。将微信与

企业原有的 CRM 系统结合可以实现多人人工接入,提高客户服务的满意度。通过设定好相关的关键词,就可以实现自动回复,这可以大大节约人工客服的人力成本。

(3) **电子商务**。现在,不管是电商平台还是电商企业,都致力于简化和方便消费者的购物流程,让他们随时随地都可以便利地进行购物。微信公众号具有销售引导功能,可以将产品或服务信息快速传递给消费者,引导其购买,缩短营销周期。比如消费者在微信图文中看到某件商品,产生购买想法时,可以直接通过微信下单、支付、查询物流和寻求售后服务等。

(4) **用户调研**。调研是每个企业制订经营策略的重要环节,调研数据直接影响营销效果。企业通过微信可以直接接触目标用户群体,这样不仅用户精准度更高,调研数据更真实,同时还可以节省大笔调研成本。

(5) **品牌宣传**。品牌是可以带来溢价、产生增值的无形资产,一个成功的企业必然离不开建立品牌和宣传品牌。微信公众号丰富的文字、图片、音频、视频等功能,可以快速有效地把企业的品牌理念、促销活动等信息告知用户,其互动强、传递快速和投放精准等特点,让用户不仅可以接收品牌信息,还能及时参与品牌互动,促进企业加深品牌影响,降低营销成本。

(6) **O2O 营销模式**。O2O 即 Online To Offline,是指将线下的商务机会与互联网结合,让互联网成为线下交易的平台。O2O 营销模式是立体化营销的必然趋势,微信则为线上线下立体营销的实现提供了便利的通道。

同步实训

微信改变用户行为和习惯调查表

1. 实训目的

理解微信改变生活。

2. 实训内容及步骤

结合自己使用微信的经历,思考微信逐渐改变了自己的哪些行为和习惯?完成下面的微信改变自我生活行为和习惯的调查表。

表 4-1 微信改变自我生活行为和习惯的调查表

项目	使用微信前	使用微信后
交流方式		
商业社交		
民生服务		
支付、转账		
展示自己日常动态		
过年过节问候朋友、家人		
电商/微商		

任务小结

1. 微信营销是网络经济时代企业或个人营销模式的一种。是伴随着微信的火热而兴起的一种网络营销方式。
2. 点对点精准营销、形式灵活多样、用户主导、成本低廉是微信营销的特点。
3. 微信营销具有建立个人品牌、刺激产品销售、维护客户关系、信息入口、客户服务、电子商务、用户调研、品牌宣传和O2O营销模式的价值。

任务2 使用微信

问题引入 ▶

微信作为一种移动互联网营销的工具,功能强大,智能手机中都安装了微信程序,那么该如何使用微信呢?

解决方法 ▶

微信的安装程序仅179 MB,但是功能却非常强大。不仅可以通过手机网络发送语音、图片、视频和文字,还可以利用朋友圈进行社交活动等。

任务实施 ▶

1. 微信的主要功能

目前微信已经成为国内应用最广的一款社交软件,为用户提供了聊天、朋友圈、公众平台、微信支付、理财通、游戏平台等功能,微信的功能如表4-2所示。微信用户不仅可以通过手机、计算机网页和平板电脑在微信上快速发送文字、语音、图片以及视频等,用户还可以通过搜索号码、摇一摇、附近的人、扫描二维码等方式添加好友和关注公众平台。同时微信还具有专一化、私密性以及个性化服务的特点,且免费使用、操作简便,深受人们喜爱。

表4-2 微信的功能

类别	具体功能
特色功能	可以发送文字、语音、图片、视频
	可以建群,进行群聊
	LBS功能,可以搜索"附近的人"
	微信扫一扫功能,可以扫码(二维码/条码/小程序码)、识物和翻译
	支持QQ邮箱提醒、文件传输助手、小程序、腾讯新闻和微信运动等功能

续表

类别	具体功能
特色功能	软件本身免费使用，产生的流量由运营商收取费用
	收藏功能：可以收藏聊天、朋友圈、公众号的信息，统一展示在"我的收藏"栏里
	微信公众平台：相当于一个自媒体平台，个人和企业均可以申请公众平台账号，在公众平台上可以群发信息、图片、语音、视频和图文等信息
	企业微信：用于基础办公沟通的产品，适用于企业、政府等各类组织，帮助他们建立员工、上下游供应链与企业IT系统间的链接
	游戏、购物、直播平台功能
打造O2O大平台	通过微信扫一扫功能，用户可以获取产品信息、购买付款等，充分利用微信获取分享信息、在线消费，作为O2O商业模式的入口，具有巨大的商业前景
构造微信商业闭环	微信钱包、微信支付等功能不仅完善了购物支付环节，还对众多推广和建设的第三方商家的移动商业化奠定了基础，打开了一个更大的商业空间

2. 下载/注册/登录

使用手机浏览器访问 weixin.qq.com/d，可直接下载微信，并安装。初次打开程序时，记得要允许推送，这样有消息的时候就会推送给你了。新用户需要通过手机号注册，如图4-4所示。先输入昵称，再点击右侧相机上传头像，输入手机号码和微信密码，再根据提示完成接下来的注册操作。注册之后就可以顺利登录，如图4-5所示。

图4-4　微信注册

图4-5　微信登录

3. 添加朋友

登录之后微信里面空空的，没有好友更没有朋友圈，这时候需要添加好友。

【课程思政】——
依法依规自律，
营造良好网络环境

微信个人账号
使用规范

1) 通过手机通讯录添加好友

微信是建立于智能移动端的通信工具，可以直接与手机通讯录相连接，将手机通讯录中的联系人添加成微信好友。一般来说，手机联系人都是运营者的原始人脉，已经有过基础接触和交流，将其添加为微信好友将更方便管理和维护。

将手机通讯录中的联系人添加为好友的方法为：进入微信主界面，在右上角单击"+"按钮，在打开的下拉列表中选择"添加朋友"选项。打开"添加朋友"页面，在该页面中选择"手机联系人"选项，在打开的页面中选择添加即可，如图4-6所示。

图4-6　添加朋友

将手机联系人添加为好友，不仅可以通过"手机联系人"添加，还可以通过搜索手机号进行添加，在"添加朋友"页面中输入手机号进行搜索并添加即可。需要注意的是，通过搜索手机号添加微信好友，需要确保对方开启了手机号添加功能，该功能在"我→设置→隐私→添加我的方式"中开启。

2) 通过扫描二维码添加好友

比较炫一点的还有通过二维码来添加。单击"扫一扫"后，微信会启动照相机，把照相机中间的方框对准黑白相间的二维码就可以识别并添加了，如图4-7所示。每一位微信用户都有一个专属于自己的二维码，通过扫描该二维码即可添加好友，个人二维码可以通过个人信息中的"我的二维码"查看。为了便于好友的添加，名片、图片、网页，任何有条件的地方都可以放置自己的个人二维码，方便其他用户扫描。

项目4　微信营销

3）通过雷达添加好友

目前版本有雷达添加朋友的功能，在一定区域内只要有人同时打开这个功能，你的雷达便会显示出对方，如图4-8所示。有绿色勾勾的表示已经是好友了，这时，只要选择没有勾勾的微信头像，就可以快速加好友，免去了输入微信号找好友的麻烦。

图4-7　扫二维码添加

图4-8　雷达加朋友

添加了的朋友会出现在通讯录中，按照名字首字母的顺序排列。

4. 添加陌生人

随机或者按照地理位置来添加好友是一个很富有争议的功能，在这里只介绍使用方法。

在"发现"页面里，有"摇一摇""直播和附近"等，如图4-9所示。通过这些功能可以随机添加陌生人为微信好友。打开"摇一摇"，晃动一下手机，就可以摇到在同一时间也在无聊中摇摇的人，如图4-10所示。打开"直播和附近"，选择"附近的人"，如图4-11所示。单击"附近的人"页面右上角上的"…"按钮，还可以对陌生人进行筛选，如图4-12所示。点感兴趣的人，可以跟他们打招呼了。

5. 微信聊天

添加完一堆好友后，开始聊起来吧！在通讯录中，用户选中想要聊天的好友，单击"发消息"按键就会出现对话框。屏幕下方是信息输入栏，如果左边圆形按钮呈扩音器图案，则是文字输入模式，点击一下中间的方框就会弹出键盘，如图4-13所示。右侧笑脸是表情，里面有经典QQ表情、符号表情（Emoji）和动画表情。笑脸旁边的"+"按键就可以发送相册中图片、拍摄照片视频、发送位置、红包、名片、我的收藏、文件和卡券，进行转账，实时对讲和视频聊天。

插入图片和其他聊天软件一样，可以发送相册里面的照片或者直接拍摄照片发送，如图4-14所示。微信还可以发送地理位置，如图4-15所示。

图4-9 微信发现页

图4-10 微信摇一摇添加好友

图4-11 附近的人

图4-12 筛选附近的人

项目4　微信营销

图4-13　微信聊天

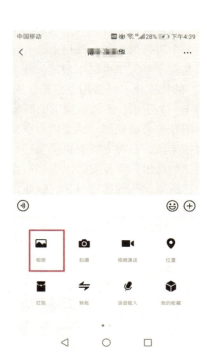

图4-14　插入图片

发送名片指的是把联系人中的某位的名片发给其他人，包括微信号等一些基本信息，其他人点击便可方便地添加名片上的人为好友或发起聊天，如图4-16所示。

图4-15　发送地理位置

图4-16　发送名片

65

实时对讲和视频聊天就相当于音频和视频聊天，只是效果都没有 Skype 和 Facetime 的好，算是微信中一个附带的功能，使用上没有什么难点。

以上都是文字聊天中可以实现的一些功能。微信还可以进行语音聊天。如果在输入栏中有"按住说话"的长按钮，只需用手指按住该按钮，对着机身下方的话筒或者是耳机孔说话就可以了，如图 4-17 所示。不过，说话的时候要注意，按住之后稍微等上个半秒钟再说话，否则有时候说话的开头会被截掉。说完话后也稍微顿一下再松开手指。说话的长度不宜过长，否则不仅会被截掉半截，且对方听着也很累。

根据说话的长短，语音发送出去之后也是长短不一的。一般来说，微信都把语音流量占用压缩的很小，所以发送的速度很快。除非网络有问题，左侧就会出现一个红色叹号，表明没有发送成功。如果想要重发，点击红色叹号，就会弹出对话框，单击"是"就可以。微信加入了翻译功能，长按外文消息，便可翻译成当地语言，如图 4-18 所示。

图 4-17　语音聊天

图 4-18　外文翻译

6. 发起多人聊天

如果需要群聊的时候，微信同样很方便。在微信界面里点击右上角加号，单击"发起群聊"，如图 4-19 所示。然后，就可以在联系人里面勾选要群聊的对象，如图 4-20 所示。之后发送的信息都会推送到每个人的微信上，类似于 QQ 的临时会话群。

如果讨厌群聊手机提示音响个不停的话，在群聊界面单击右上角的 ，下拉到底部，消息免打扰开关打开为绿色。如果不想留在群里，就在聊天信息里单击红色的"删除并退出"即可。

项目 4　微信营销

图 4-19　发起群聊　　　　　　　图 4-20　勾选群聊对象

此外，微信还有一个面对面建群的功能，免去了在好友列表中查找的麻烦。打开通讯录，点击右上角的添加朋友，选择面对面建群。只需要和身边的人输入同样的四个数字，便可以进入同一个群聊，如图 4-21 所示。

7. 朋友圈

朋友圈是一个类似于 Instagram 那样的照片分享功能，现在加入了帖子分享，你也可以在支持分享到朋友圈的应用中分享你所发现的有趣事物，如图 4-22 所示。在"发现"页面下，单击第一个按钮"朋友圈"就可以让你看到好友们分享的消息。照片以时间线方式倒序排列。点击图片右下方的对话框按键，可以赞照片，也可以进行评论。

当然，自己也可以发送图片，只需点击右上角的照相机按钮（长按可发纯文字内容），就可以照相或选择相册里的照片上传，如图 4-23 所示。用户可以自己添加备注，加入当前位置，设置可见范围，或者提醒某个好友观看这条消息。

8. 关注公众账号

除了和个人聊天外，很多公司和平台都有专属的公众账号，用于定期发布一些消息给感兴趣的用户。大家只需在添加朋友的界面下方单击"公众号"，输入公众号名称，就可以找到，如图 4-24 所示。点击关注之后，每日由微信推送公众账号信息，如图 4-25 所示。

9. 功能开启与关闭

微信把很多功能设置都集成到了"我"的功能界面中。这里介绍一下微信的支付功能。打开"支付"，在这里用户可以使用金融理财、生活服务、交通出行、购物消费等功能，如图 4-26 所示。在使用支付功能前，用户需先添加一张银行卡，添加后使用支付功能，只需要支付密码和短信验证码便可快速进行支付了。可以说支付功能遍及生活各个方面，还是比较全的。

图4-21 面对面建群　　　图4-22 朋友圈　　　图4-23 朋友圈发送图片

图4-24 关注公众号　　　图4-25 微信推送公众号信息

  微信大多数功能的开启与关闭及设置、消息通知、隐私设置，都在"设置"中。打开"通用"，选择"发现页管理"和"辅助功能"，如图4-27所示，就可以看到当前已经启用的功能和未启用的功能了。

项目4　微信营销

图4-26　"支付"的功能界面

图4-27　微信通用功能设置

同步实训

微信基本操作

1. 实训目的

掌握微信相关功能的使用。

2. 实训内容及步骤

（1）下载/注册微信；
（2）使用扫码，导入通讯录好友等方式添加若干好友；
（3）使用摇一摇、雷达加好友，附件的人等方式添加若干陌生人为好友；
（4）同朋友进行聊天，并发送地理位置，发送名片；
（5）使用多种方法建立微信群；
（6）关注公众账号——太仓图书馆；
（7）打开发现页的入口——搜一搜、购物、游戏、小程序、看一看。

任务小结

微信用户不仅可以通过手机、计算机网页和平板电脑在微信上快速发送文字、语音、图片以及视频等，用户还可以通过搜索号码、摇一摇、附近的人、扫描二维码等方式添加好友和关注公众平台。同时微信还具有专一化、私密性以及个性化服务的特点，且免费使用、操作简便，深受人们喜爱。

任务3　微信个人号营销

问题引入 ▶

微信个人号好比是自己的一张微名片，如何运用微信个人号进行微信营销呢？

解决方法 ▶

微信个人号营销可以通过微信个人号装修、增加个人微信好友数量、朋友圈内容管理等方式开展。

任务实施 ▶

1. 装修微信个人号

别人通过观察微信个人号的昵称、头像、签名以及图片判断你可能是一个怎样的人，从而增加对方愿意与你接触的可能性，所以做好个人微信号装修是很有必要的。

个人微信号装修包括昵称、头像、微信号、个性签名、地区、朋友圈等方面。

1）昵称

从营销角度来说，好的昵称能够尽可能减少沟通成本。起好昵称有以下六个技巧。

（1）**品牌一致，重复刺激**。如果你已经有了一定的社会影响力，建议最好在任何网络社区都沿用已经被大众熟知的昵称，因为这个时候你经营多年的昵称如同一个商标。

（2）**字数要短，搜索便捷**。没有个人品牌积淀，如何为自己起昵称呢？建议你的微信昵称要简单、亲切、好记。

（3）**拼写简单，便于输入**。好的昵称应该要方便用户快速输入和搜索，除非特殊情况，否则不要出现难写、难拼、难读、难认的文字。如果你希望昵称被更多人记住，那么繁体字、表情、符号、奇异的外国文字最好不要出现在昵称里。

（4）**提供标签，对号入座**。采取"个人昵称+工作标签"的起名策略。如果你已经有知名度较高的个人品牌了，取自己一贯的名称或本名就可以，此时你的名字就是金字招牌。但如果自己没有个人品牌，建议你加上经过提炼后最重要的后缀信息，如"实名+公司/项目名称"的结构，只要你在朋友圈足够活跃、内容有足够的吸引力，那么你的个人标签就会得到持续曝光。

（5）**长期不变，永久记忆**。微信昵称设置好了之后，就不要频繁更换，因为用户一旦熟悉了你的昵称，你更换后用户需要再花时间和精力去记住你，会增加用户负担，导致用户找不到你，或者由于变更频繁将你忘掉。

（6）**忘掉技巧，拿出真诚**。网上曾经流传着很多微信起昵称技巧，这些技巧或许在短时间内确实有效，但滥用之后可能带来相反的效果。

2）头像

头像象征品味、印象、信任度，也是用户对你的第一印象。从营销角度来说，好的头像能够尽可能减少社交成本。设置头像有以下四个技巧。

(1) **辨识度高，清晰自然**。

(2) **真实可靠，安全信任**。如果个人微信号是用于运营的话，建议使用真人头像，因为真实头像照片能够给人带来安全感。真实、美好、能表达你自身气质的头像才会给用户带来好印象，让他们信任你，更愿意和你交流。

(3) **贴近职业，风格匹配**。一般情况下，头像风格的选择要尽可能贴近自己的职业。

(4) **突出特点，有话题性**。如果头像故意设置一些具有个人特色的话题，则有助于从头像聊起、打开话匣子，又不会因为相互之间不了解导致不必要的误解。

3) 微信号

微信号是微信生态中的身份 ID，是微信中的唯一识别号，我们可以通过微信号搜索用户。为了便于记忆及传播，微信号要好记、好识、好输入，尽量使用名称全拼，最好与手机号码关联，便于被搜索。我们还可以采用微信号系列化命名的方式进行矩阵营销。

4) 个性签名

个性签名是好友相互了解的一个重要方式，尤其是在新加好友的时候。我们在设计个性签名时忌空、忌硬，即避免空白和纯广告，尤其是在添加好友时，若个性签名全是广告，通过率特别低。个性签名最多可以设置 30 个字，风格可以严肃也可以幽默，关键要展示个性及特点，同时还需要考虑手机屏幕的尺寸，如图 4-28 所示。

5) 地区

添加好友时，个人信息中的地区也是一个影响通过率的因素。尤其是在营销活动中，地区设置得很远会让用户觉得不踏实。

6) 朋友圈

朋友圈中发布的状态是关于一个人的各种信息碎片，很多用户通过查看朋友圈发布的内容来判断一个人。

朋友圈装修包括朋友圈封面和朋友圈行为。朋友圈封面的图片可以通过软营销的方式展示业务或需求信息。如果个

图 4-28 个性签名

人微信号定义为营销号，可以做一张（软）广告图作为封面，把营销的产品放在图片上，如图 4-29 所示。

朋友圈行为有发布、转发、评论和点赞等。用户在朋友圈发布图片、文字、视频、链接等内容，而我们通过了解用户在朋友圈发布的内容、数量和时间，就会了解这个用户。转发的内容可以看出这个人的价值观和世界观倾向。评论和点赞是微信朋友圈的礼仪，评论和点赞多的人在人际交往中有更多的发言权，而且善于与他人交流。

2. 添加更多潜在客户

微信可以作为一个推广渠道来使用，通过添加更多朋友的方式来吸引潜在用户。添加微信好友的方法和技巧如下：

（1）导入通信录好友，批量添加。

（2）扫二维码加好友，简单高效。

（3）微信"发现"，发现新的朋友。在微信的【发现】中有"摇一摇""附近的人""漂流瓶"等随机添加陌生人为好友的功能。

（4）通过其他社交平台引流。在不同的社交平台进行营销，可以将其他平台的朋友引流到微信上来。比如在微博、QQ、知乎、美拍等平台留下自己的微信号，这些平台上的用户如果被你所发布的内容吸引，就会产生进一步认识的想法，进而自主搜索并添加微信好友。

（5）信任代理推荐，分享影响力。如果能够借助有一定名气、威望的人推荐，或者借助朋友的口碑推广，通过信任代理的方式，可以快速吸引很多人来关注你。

（6）通过社群加好友。通过社群添加好友的前提是寻找相关社群，可以直接在QQ中搜索相关关键词查找目标群，也可以通过QQ的"附近的群"等功能进行检索。此外，还可以利用搜索引擎搜索目标群，甚至微博、论坛、贴吧等媒体平台也可以找到相关社群。微信群是一个非常好的加好友的入口。

图4-29　朋友圈封面

（7）软文推广，借载体四处扩散。写文章，或者引用好文章，在里面巧妙地加入自己的微信号或二维码，然后发布到自己的微信公众平台、博客、各大与产品相关论坛和贴吧等，这种方法是最有效，也是见效最快，所加好友最精准、黏度最高的一种方法。

（8）线下引流，重视每个顾客。

（9）公众平台引流，反哺个人号。可以将微信公众号上的用户引流到个人微信加好友，公众号每天推送的次数有限，而且加上订阅号折叠等原因，打开率一直在下降，不妨考虑通过个人微信与用户产生连接与信息覆盖，效果反而更佳。

（10）有奖活动，简单但有效。可以直接利用奖品激发别人做推荐。

3. 维护微信好友

添加微信好友是营销的开始，要实现交易转化，不是依靠好友数量多发硬广告（也称"硬广"），而是做一个让好友喜欢、信任的人。建立信任需要1~3个月的时间，主要通过互动建立信任感。

1）通过好友申请

为了提高好友通过率，一般除了个人微信号设计需要注意，还要认真填写好友申请，让对方了解你是谁、找对方做什么等，让对方放心通过好友申请。

好友申请语有3个思路：

❶ 找到桥梁，即通过一个中间人介绍，拉近距离；

❷ 表明身份，用自己企业或品牌为自己增加印象分；

❸ 说清目的，开门见山，直接说明添加好友的目的。

2）好友备注及分组管理

微信好友备注及分组管理可以更好地积累人脉，开展高效沟通，进行客户管理。

（1）**好友备注**。好友备注可以添加或修改备注名、标签、电话号码、描述和图片，防止用户更换头像、昵称等带来的不便。

（2）**好友分组管理**。微信提供的好友分组管理包括备注分组法、标签分组法、重点星标法及 VIP 置顶法。备注分组法可以为同一个组别的人添加同一个备注前缀，自然成一组。标签分组法可以将好友放在同一个标签下，打开通讯录的标签即可看到不同的分类。重点星标法是将一些需要高频率联系的用户设为星标用户，点开通讯录就可以快速找到。VIP 置顶法是设置"置顶聊天"，一般是对超级重要的好友及用户进行设置。

3）私聊

（1）**自我介绍**。私聊的第一个环节就是自我介绍。把握好友通过后的这几分钟，是互相认识的最佳时间。

自我介绍小技巧

（2）**得体互动**。与微信好友互动时要得体。有些人在加了微信好友后平时没有互动和交流，只有发广告的时候才想起来，这样迟早会被拉黑或者删除。那如何进行互动呢？

❶ 不要群发。一般情况下，尽量少用或者干脆不用群发。因为每次群发都是对自己信誉和好感度的透支。如果需要群发，可以先写好一个小文案，局部修改后带着对方的称谓单独发给对方。

❷ 杜绝骚扰。群发虚假广告、纯粹的硬广等行为，肯定会让对方反感，导致被删除或举报。

❸ 红包先行。红包社交中，几元的小红包就可以让对方惊喜了。因此，在表达谢意、节日问候、生日祝福和咨询问题时，不妨随手发个红包，可以给对方留下深刻的印象。

【课程思政】——
关注现实问题，会辨别善恶

警惕"变味儿"的微信红包

4）朋友圈互动

朋友圈互动是一种重要的互动交流方式。通过朋友圈的点赞和交流，时间长了就会与用户慢慢熟悉并成为朋友。

5）微信礼仪

随着移动互联网的普及，微信在日常沟通中占据着越来越重要的地位。微信礼仪不仅让我们的沟通更加有效，也让他人对我们更加信任。

（1）及时回复。如果未能及时回复，也要在方便的时候向对方解释原因，并表示歉意。

（2）能打字的情况下尽量不发语音。

（3）不要以"在吗"开头。

（4）注意发送时间。

（5）不要随便推送别人的微信名片。

4. 管理朋友圈内容

在发朋友圈的过程中，一定要放弃推销思维，不能一加好友就发广告，朋友圈营销的关键注意事项和推广技巧如下：

（1）**注意软度——广告不能太生硬**。在微信朋友圈里做营销，不建议只做产品广告，还要穿插一些其他类型的内容。即使是要发产品的广告，也不要太生硬，如结合自己或朋友的经历系统地说产品的故事就是一种不错的方式，产品说明书似的广告在朋友圈这个生活化平台里势必会遭到厌烦。

（2）注意频度——**人人都反感刷屏**。即使你的朋友圈广告有效，也要克制自己发广告的冲动。如果你经常发广告刷屏，很可能被朋友拉黑，得不偿失。

（3）注意长度——**注意阅读的场景**。朋友圈是小屏阅读，如果不是文章链接，大家缺乏读长文的耐心。

（4）注意速度——**碎片消费拼冲动**。大部分用户在朋友圈阅读速度非常快，如果要在朋友圈中形成购买，那么快速形成购买冲动就非常重要。

（5）注意梯度——**购买习惯需递进**。潜在客户的付款意识、习惯也是需要培养的，建议先小范围尝试再梯度变化，慢慢渗入。

（6）注意准度——**对症下药有疗效**。可按分组发布，按时间发布，使用@提醒功能。

（7）注意风度——**感知要大于事实**。每个人在工作和生活中都有低落的时候，如果把这些心态宣泄到朋友圈，给别人看到就会留下不好的感受，一旦别人对你有了不好的印象，你再去做推广，就容易遭到潜意识的拒绝。

（8）注意黏度——**有黏度才有关注**。通过与朋友多互动加强黏性。

（9）注意尺度——**凡事有度才有得**。必须要注意自夸的尺度，跟风信谣、传谣等行为会让别人对你的判断力产生怀疑，进而造成形象受损，专业度、信任感降低，而且传播谣言本身是违反法律的。

（10）注意角度——**条条角度向推广**。要站在潜在用户视角去组织内容，而不是简单推广业务，要写出自己的业务对别人的价值，诱发别人的好奇心，进而向你打听更多信息，创造成交的可能。

（11）注意热度——**找到载体长翅膀**。尝试让自己的产品和热点之间产生交错、碰撞，就有可能冒出很多的想法和创意，让流传的每一个段子、每一个热点都可以为自己所用，将热点作为传播的载体，就会使你的内容插上翅膀，引爆朋友圈。

【课程思政】——
提升自我保护能力

微信常见几大骗局及防骗攻略

【课程思政】——
提升依法依规自律能力

发微信朋友圈要牢记8项注意、10条禁忌

同步实训

微信个人号装修评估

1. 实训目的

掌握个人微信号装修技巧。

2. 实训内容及步骤

请打开你身边同学的微信个人号，用表4-3评估他的装修是否合格，并提出改进建议。

表4-3 微信个人号装修评估

评估项	改进建议
昵称	
头像	
微信号	
个性签名	
地区	
朋友圈	

任务小结

微信个人号好比是自己的一张微名片，可以通过个人微信号装修、增加个人微信好友数量、朋友圈内容管理等方式开展微信个人号营销。

任务4　微信公众号营销

▶ 问题引入 ▶

微信公众号是在微信公众平台上申请的应用账号，微信公众平台是腾讯公司在微信基础上开发的功能模块，是现在新媒体营销宣传的常用平台。通过微信公众平台，个人和企业都可以打造专属自己的特色公众号，如何提高微信公众号推广能力和营销价值？如何帮助用户打造更有影响力的公众号？

▶ 解决方法 ▶

要想打造有影响力的公众号，除了了解公众号的基础知识外，还需要掌握公众号运营的方法。公众号运营用一句话概括，就是在公众号的不同阶段做好该做的事，即把握公众号不同阶段的工作重心。表4-4为公众号在不同阶段的工作重心。

表4-4 公众号在不同阶段的工作重心

公众号阶段	工作重心	公众号阶段	工作重心
准备期	策划公众号	成熟区	实现公众号独立变现
起步期	制作和推送公众号的内容	衰退期	重新策划公众号
成长期	增加公众号粉丝数		

任务实施 ▶

1. 公众号类型

微信公众号有订阅号、服务号、小程序、企业微信（原企业号）四种类型，如图4-30所示。各类型公众号的功能介绍如表4-5所示。

图4-30 公众号类型

表4-5 各类型公众号功能介绍

账号类型	功能介绍
订阅号	主要偏于为用户传达资讯（类似报纸杂志），认证前后都是每天只可以群发一条消息（适用于个人和组织）
服务号	主要偏于服务交互（类似银行，114，提供服务查询），认证前后都是每个月可群发4条消息（不适用于个人）
企业微信	企业微信是一个面向企业级市场的产品，是一个独立APP，好用的基础办公沟通工具，拥有最基础和最实用的功能服务，专门提供给企业实用的IM产品（适用于企业、政府、事业单位或其他组织）
小程序	是一种新的开发能力，开发者可以快速地开发一个小程序。小程序可以在微信内被便捷地获取和传播，同时具有出色的使用体验

温馨提示：
1. 如果想简单地发送消息，达到宣传效果，建议选择订阅号；
2. 如果想用公众号获得更多的功能，例如开通微信支付，建议选择服务号；
3. 如果想用来管理内部企业员工、团队，对内使用，可申请企业微信；
4. 原企业号已升级为企业微信。

微信公众账号的注册及基本设置

订阅号、服务号、企业微信、小程序的图例如图4-31所示。订阅号、服务号功能区别如表4-6所示。

图4-31 服务号、订阅号、企业微信、小程序图例

表4-6 订阅号、服务号功能区别

功能权限	普通订阅号	微信认证订阅号	普通服务号	微信认证服务号
消息直接显示在好友对话列表中			✓	✓
消息显示在"订阅号"文件夹中	✓	✓		
每天可以群发1条消息	✓	✓		
每个月可以群发4条消息			✓	✓
无限制群发				
保密消息禁止转发				
关注时验证身份				
基本的消息接收/运营接口	✓	✓	✓	✓
聊天界面底部,自定义菜单	✓	✓	✓	✓
定制应用				
高级接口能力		部分支持		✓
微信支付·商户功能		部分支持		✓

到微信公众平台官网（https：//mp.weixin.qq.com/）注册合适的微信公众号类型是使用微信公众平台开展微信营销的基础。

2. 公众号策划

在公众号的准备期,最重要的工作是对公众号进行策划,即确定公众号的定位类型、用户属性、内容类型、调性、基本信息等。通过公众号的策划,运营者可以明确公众号的发展方向,确定公众号的内容风格,减少运营工作中的资源浪费,加速公众号的发展。

1）公众号的定位类型

公众号的定位类型有媒体型、服务型和销售型 3 种。媒体型的公众号，其核心目标一般是提升知名度、产生美誉度或积累粉丝，这类公众号的特点往往是内容观点鲜明，富有感染力，会尽力使自己的内容成为大众的谈资。服务型的公众号，其核心目标一般是帮助用户解决某个问题，注重功能层面的创新，这类公众号的特点是用户会更在意功能，而不太在意公众号推送的内容是否精彩。销售型的公众号，其核心目标一般是引导用户进行消费，这类公众号的特点往往是在公众号内有线上商城入口，能为用户提供各类电商服务。

2）用户定位

用户定位是确定公众号的目标用户的年龄、性别、地域、兴趣等属性。用户定位需要运营者参考行业用户属性和现有用户属性。行业用户属性是指运营者所在行业的目标用户的属性，一般可以从行业整体数据、竞品用户数据、知名大 V 的粉丝数据这 3 个渠道获取。行业整体数据精确度较差，一般用于帮助筛选竞品和作为辅助参考，而不能直接采用作为公众号的目标用户属性；竞品用户数据准确度较高，一般作为分析行业用户属性的主要依据；知名大 V 数据作为辅助与补充。

3）内容定位

内容定位指的是确定公众号的内容，即确定公众号要发什么类型的内容。定位内容往往需要通过调研问卷、电话/面访、研究朋友圈等方式调查目标用户需求，再比对目标用户需求和自身能力的匹配程度，最终选出合适的内容类型。

最受欢迎的 15 种
微信公众号
内容类型

4）公众号调性

公众号调性指的是公众号的个性，通俗来说就是一个公众号的"人设"。公众号调性包括公众号内容的风格、公众号的立场、运营者的情感倾向等，通过策划公众号的调性，可以提升公众号的识别度和独特性，并使公众号具有人格化属性，容易让用户产生好感。常见的公众号调性有活泼、严肃、风趣、谨慎、极端等。

5）公众号设置

除了上述内容，运营者还需要结合公众号调性和内容定位，设置公众号，这也是公众号策划的最后一步。主要在名称、简介、头像、自动回复和菜单栏 5 个部分进行公众号设置。

（1）微信公众号名称。

微信公众号的名称是用户识别公众号的重要标志之一，也是直接与公众号搜索相关联的关键部分。从某种角度来说，微信公众号的名称就是品牌标签，因此名称的设置与营销效果息息相关。可以从品牌化、场景化、趣味化、个人化、需求口语化、行业化的角度设置微信公众号的名称。

此外，在设计公众号名称时还需要注意以下事项：

❶ 微信公众平台官方对公众号名称的限制是 4～30 个字符，一个汉字记为 2 个字符；

❷ 每个公众号名称都具有唯一性，微信公众平台官方不允许公众号重名；

❸ 公众号名称不宜太长，在 10 个汉字以内为佳；

❹ 公众号名称中应尽量避免使用生僻字、多个同音字。

一般来说，公众号的运营者会在注册公众号之前就决定好采用什么名称，在注册时直接进行填写，填写公众号名称的位置如图4-32所示。也有部分公众号运营者在运营的过程中需要修改名称，个人订阅号的运营者在公众号后台"设置与开发"模块的"公众号设置"板块中单击如图4-33所示的"修改"按钮即可修改公众号名称。组织订阅号和服务号如果需要修改公众号名称，则需要重新进行认证，在认证过程中重新填写公众号名称。

图4-32 公众号注册界面——填写公众号名称的位置

图4-33 个人订阅号中修改公众号名称

（2）功能介绍。

微信公众号的功能介绍主要用于描述公众号的作用，会在用户搜索公众号时显示，因此需要重点设置。一般来说，功能介绍必须突出重点、便于理解，让用户可以通过该介绍快速了解公众号提供的服务和公众号的价值等，比如直白地展示卖点，快速打动目标消费人群，图4-34所示为一个Office学习公众号的功能介绍。除了说明功能和作用外，功能介绍也可以用来表达情感、展现特色，通过个性化吸引消费者，图4-35所示为表达态度和情感的功能介绍。大部分品牌的公众号通常会在功能介绍中进行品牌介绍，或者放置一些文案标语，进一步进行品牌推广，图4-36所示为描述品牌的功能介绍。功能介绍在公众号后台"设置与开发"模块的"公众号设置"板块中设置。

图4-34　介绍功能　　　图4-35　表达情感　　　图4-36　品牌推广

此外，公众号运营者在设置公众号介绍时还需要注意以下事项：

❶ 微信公众平台设定的字数限制为4~120字，在实际工作中公众号的介绍往往在10~50字为宜；

❷ 公众号介绍的文字要尽量简洁明了，不要过于琐碎；

❸ 每一个月最多可以修改5次介绍；

❹ 公众号的介绍需要不定期进行更新，使其与公众号定位匹配，如果公众号计划进行大型活动时，也需要通过修改简介来为活动进行宣传。

（3）头像。

公众号的头像和微信个人号的头像一样，也是一个重要的身份标识。运营者在设计公众号头像时，一般需要优先考虑品牌、公司、组织或项目的LOGO图片，或与公众号主体相关的照片、卡通像等图片，此外运营者还可以考虑使用一些风景照、艺术画等图片。图4-37所示的公众号头像是使用品牌LOGO，图4-38所示的公众号头像是使用个人照片，图4-39所示的公众号头像是使用卡通像。

图4-37　使用品牌LOGO的头像

图4-38 使用个人照片的头像　　　　　图4-39 使用卡通像的头像

此外，公众号运营者在设计公众号头像时还需要注意以下事项：

❶ 每一个月最多可以修改5次头像；

❷ 上传作为头像的图片时，只能使用BMP、JPEG、JPG、GIF、PNG格式的图片，且文件大小不能超过2MB；

❸ 运营者在使用风景照、艺术画等图片作为头像时，需要留意该图片的原作者是否允许使用，以免产生侵权事件。

在设计完成头像后，运营者需要进入公众号后台进行设置，头像在公众号后台"设置与开发"模块的"公众号设置"板块中设置。

（4）自动回复。

公众号后台"自动回复"功能插件能提供关键词回复、收到消息回复和被关注回复。关键词回复指的是在公众号后台设置指定关键词，用户在公众号内发送的消息如果触发了该关键词，公众号会自动向用户推送该关键词对应的预设内容，如图4-40所示。收到消息回复是指用户在发送非关键词消息时，公众号自动回复的预设内容，如图4-41所示。被关注回复是用户在完成关注该公众号这个行为时，该公众号自动推送的内容，该内容也被称为欢迎语，如图4-42所示。

图4-40 关键词回复　　　图4-41 收到消息回复　　　图4-42 被关注回复

自动回复在公众号后台"自动回复"里设置，如图4-43所示。

图4-43 自动回复设置

(5) 菜单栏。

公众号后台"自定义菜单"可以设置公众号的菜单,如图4-44所示,菜单栏分为母菜单栏和子菜单栏两个部分,每一个公众号都可以设置最多3个母菜单和各自的5个子菜单。运营者在设计菜单栏时,需要结合自身的公众号类型,根据自身可提供的内容、服务和用户的需求设计菜单的结构。

图4-44 自定义菜单设置

3. 公众号内容制作与推送

在公众号的起步期,运营者最重要的工作是进行内容制作,并将内容持续地推送给用户,

项目4　微信营销

令用户愿意持续关注该公众号，为后续的涨粉及变现工作打好基础。

1）内容制作

公众号的内容制作主要是指将文字、图片、视频、音频等素材整合编辑为图文内容，从而使内容更美观、更具有吸引力的过程。图文内容包括标题、正文、作者信息、封面图、摘要等。在实际工作中，运营者一般会先进行内容选题，再编辑正文，然后对正文进行排版，最后设计标题、封面图、摘要等。

（1）**内容选题**。公众号文章主要有原创和转载两种模式，原创文章可以从用户需求角度、热点话题、节假日话题等角度进行选题。

（2）**编辑正文**。运营者新建一个图文素材，如图4-45所示，在图4-46所示编辑页面中进行正文撰写。

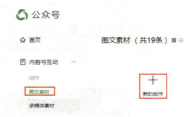

图4-45　新建图文素材

在编辑页面中，位置1是消息管理的区域，可以增减单条消息中的图文，每条消息最多可以加入8篇图文，单图文消息推送和多图文消息推送在微信中的显示情况如图4-47所示。位置2是工具栏区域，编辑正文时可用的工具都在这个区域内，包括调整字号、调整字、调整行间距、插入图片、插入视频等。位置3是标题内容与作者信息编辑区域，运营者可以在该区域编辑标题内容与作者信息。

使用微信
公众号

图4-46　公众号图文编辑页面

（3）**排版技巧**。

❶ 文字排版技巧。公众号的字号通常是14~16px，部分情感类公众号的字号会选择13~14px，针对中老年用户的公众号字号会选择16px以上。公众号的字色往往不是纯黑，而是灰

图 4-47 单图文消息推送和多图文消息推送

黑色的，常用的字色包括#545454、#3f3f3f、#7f7f7f、#595959 等，运营者可以根据实际需求自行调整文字颜色。公众号图文通常采用的对齐方式是"两端对齐"或者"居中对齐"。公众号图文的行间距通常是 1~3，以 1.5~2 为佳。公众号图文不同于书面文章，一般不在首行设置文字缩进，部分政府类、官方媒体类公众号会设置为首行缩进 2 字符。公众号图文一般以空 1 行作为段间距来分隔不同段落。公众号图文中的音频、视频文件往往排版在图文的开始部分，图片往往穿插在正文的段落之间，小程序、投票往往排版在图文的末尾。

❷ 样式排版技巧。由于公众号后台提供的样式有限，因此运营者往往需要借助 135、秀米等第三方编辑器来进行样式排版。样式排版包括美化标题、增加文字背景、插入分割线、设置页边距、设置字间距等。

在实际工作中，运营者往往是在第三方编辑器中制作完成公众号正文，再复制入公众号图文编辑页面，以完成内容排版工作的。

（4）标题。

在现在这个碎片化阅读的时代，用户往往只会花费 1~2s 的时间来判断是否要点开一篇公众号图文，而想要在最短时间内吸引用户的眼球，最重要的就是标题。一个好标题可以让用户在看到该标题的第一眼就选择点开这篇图文。

写好标题的 16 个妙招：

❶ 描述型。直接将内容的核心告诉用户，一般直入型的标题要想奏效，就需要内容本身必须吸引人才行。比如"2016 流行色，美翻了""世界最全的咖啡知识"等。

❷ 告诫型。这类标题的特点是在字面上告诫用户不能干某某事，撰写这类标题时，最好是在标题前面直接加上"警告"二字来增强效果。比如"警告：海鲜千万不能和啤酒一起吃"等。

③ 疑问型。标题本身就是一个疑问，但是却不给答案，引导用户点击文章来找答案。比如"这家伙是人是妖?"等。

④ 夸张型。标题中有一些夸张的词汇来描述内容的效果，常用的词有："笑死我了""笑死你""笑尿了""震惊""不可思议""出大事了""太火了""火遍""火爆"等。比如"一个小视频，笑我三天""让1亿人流泪的视频"等。

⑤ 玄虚型。这类标题说白了就是卖关子、故弄玄虚，让人看了标题知其然，却不知其所以然。比如"今天全国都在下雨，原来是因为他！"。

⑥ 数字型。标题中加数字，往往都会收到不错的效果。

⑦ 恐吓型。标题抛出一个令人恐惧的结论或结果，以此来吸引用户点击。比如"三天不大便，等于抽包烟""洗血洗出一桶油"等。

⑧ 反问型。通过对用户提出反问的形式，激发用户的兴趣。比如"2万元一包的烟，58万元一瓶酒，您见过吗?"

⑨ 肯定型。标题直接要求用户必须看，或者必须转。一般这类标题都会出现"XX必看""必转""必须分享""不看不行"等字眼。

⑩ 最X型。标题里直接出现"史上最X""中国最X"这样的字眼。

⑪ 紧迫型。标题直接给人时间上的紧迫感，一般这样的标题都会出现"速看""马上被禁"等字眼。比如"赶紧收藏，据说明天就要被禁"等。

⑫ 揭秘型。这类标题一般都会出现"曝光""爆料""绝密""禁播"这样的字眼来吸引人。

⑬ 结论型。标题给出一个结论，这个结论可能出人意料，也可能让人不认可，但是没关系，只要吸引用户眼球的目的达到了就行。比如"中国人90%不会喝茶"等。

⑭ 意外型。标题给出的内容出乎意料，很让人意外。比如"一场演唱会，唱死好多人""大叔第一次上医院，竟然查出怀孕了"等。

⑮ 对比型。对比名人或者知名品牌、产品。比如"东北夫妻隔空吵架，这个小品没上春晚可惜了"等。

⑯ 创新型。进行一些形式上的创新。比如"南方暴雨：雨雨雨南雨雨雨方雨雨雨"等。

(5) 封面图。

公众号的封面图一般都使用与推送内容相关的图片，或与产品相关的图片，如果推送内容分为不同系列，还可以为每个系列设计对应风格的图片。为了表达个性化，封面图也可以使用一些趣味性、带有独特标志的图片，如个人独特的形象图或带有公众号特有LOGO、标签的图。编辑封面图时需要裁剪成长方形（2.35∶1）尺寸和正方形（1∶1）尺寸，如图4-48所示。用户在订阅号消息列表和内容推荐里看到长方形封面图，用户在转发的链接卡片上能看到正方形封面图。

2）内容推送

运营者在内容制作完成后，就需要将内容推送至用户的微信端，使用户得以阅读该内容。在进行内容推送工作时，运营者往往需要先确定推送时间，再进行推送。经过各行业公众号长期的探索，得出了不同内容类型的公众号较为适合的推送时间，如表4-7所示，运营者可以根据自己公众号内容类型来选择合适的推送时间。

图4-48 编辑封面图

公众号发送内容规范

【课程思政】——
遵守职业规范，
提升职业道德

表4-7 不同内容类型的公众号适合的推送时间

时间	公众号类型
7：00—9：00	新闻资讯类公众号
12：00—14：00	搞笑类公众号、商品推荐类公众号、宠物类公众号、时尚类公众号
14：00—17：00	行业分析类公众号、内容付费类公众号、知识普及类公众号
18：00—21：00	新闻评论类公众号、休闲娱乐类公众号
22：00—0：00	情感鸡汤类公众类、读书学习类公众号

确定完推送时间后，运营者需要进入公众号后台进行群发消息，这样内容就推送到用户的微信上了。

4. 公众号粉丝维护

粉丝是公众号营销的基础，运营者要想获得影响力，提升推广效果，必须增加和维护公众号粉丝。

1）获得粉丝

获得公众号粉丝的方法有很多，不同类型的运营者通常会使用不同的手段，下面对比较常用的获取粉丝的方法进行介绍。

（1）**邀请老客户关注**。邀请已有的老客户关注公众号，如有过交易的、有过互动的，通过微信、短信等方式进行邀请。

（2）**线下客户**。不管是线下的店铺推广、参加展会，还是其他线下活动，都可以制作一

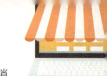

项目 4　微信营销

个二维码邀请潜在客户进行关注。为了增加关注率，还可以附赠一些小礼品。

（3）**其他媒体平台引流**。通过在各种网络平台上分享有价值的内容，吸引读者关注。可以引流的平台很多，如微博、QQ 等社交平台，新闻、博客等门户类平台，论坛、贴吧等 BBS 类平台，知乎、百度知道等问答平台，美拍、秒拍等短视频分享平台，以及文库、网盘等资源分享平台等。

2）维护粉丝

获得首批粉丝之后，如果想要持续扩大影响力，还需要对粉丝进行维护，同时不断提高粉丝数量。移动社交营销，粉丝的维护离不开互动，对于公众号粉丝而言，关键词回复、问题搜集和反馈、评论互动都是比较有效的互动。

不管如何互动，保持并提升公众号粉丝最基本的要求都是推送内容的价值，只有推送内容能够满足用户的需求，才能保证用户的持续关注，才能进一步提升粉丝数量。

5. 公众号变现模式

公众号进入成熟期后，运营者就需要开始考虑通过公众号实现营收，也就是变现。实现公众号变现可以为运营者带来收入，降低公众号因资金不足而停止运营的风险，提升公众号的可持续发展能力。公众号变现模式有广告营收、商品销售、课程销售和会员付费这 4 种常见的模式。

（1）广告营收模式。广告营收是公众号最常用的一种变现模式，即通过承接各类广告，收取广告费，从而实现变现。公众号中常见的广告形式分为植入式广告、菜单栏广告和软文广告 3 类。

（2）商品销售模式。在公众号内进行实体物品售卖的模式，运营者在选用商品销售模式进行变现时，需要做好商品选择、商品展示、商品宣传 3 项核心工作。

（3）课程销售模式。通过向用户提供培训服务从而获取营收的变现模式，一般公众号销售的课程可以分为线上课程和线下课程。

（4）会员付费模式。会员一般是指某个组织的成员，会员付费模式即通过向组织内的成员收取费用或其他报酬，实现变现的模式。一些公众号会开设一些组织，为该组织的成员提供各类服务。

同步实训

使用秀米编辑器排版公众号图文

1. 实训目的

掌握使用第三方工具排版公众号图文。

2. 实训内容及步骤

（1）进入秀米网站，注册并登录账号。

（2）扫码学习秀米图文排版系统教程：https://r.xiumi.us/board/v5/2a5va/42841399。

秀米图文排版系统

(3) 新建一个图文,进行整体的文字排版设置,设置背景,进行标题排版设置,设置边框等。

(4) 复制排版好的内容到微信公众号。

任务小结

1. 微信公众号有订阅号、服务号、小程序、企业微信(原企业号)四种类型。微信订阅号主要偏于为用户传达资讯(类似报纸杂志);微信服务号偏于服务交互,提供服务查询;企业微信主要用于公司内部通信使用。

2. 在公众号的准备期,最重要的工作是对公众号进行策划,即确定公众号的定位类型、用户属性、内容类型、调性、基本信息等。

3. 可以通过邀请老客户关注、线下客户及其他媒体平台引流等方式获得公众号粉丝。保持并提升公众号粉丝最基本的要求都是提升推送内容的质量。

4. 公众号变现模式有广告营收、商品销售、课程销售和会员付费这四种常见的模式。

习题

项目 5 APP 营销

▶ 项目概述

APP 是人们手机、移动设备里的常驻嘉宾,时刻影响着人们的工作和生活。APP 给人们的生活带来便利、乐趣的同时,也在改变着企业的营销方式。本项目将带领大家认识 APP 营销、知道 APP 营销的方法和模式,领会 APP 营销技巧。

▶ 学习目标

知识目标:
掌握 APP 营销的基础知识;掌握 APP 营销技巧。

能力目标:
会采用合适的方法及模式进行 APP 营销。

▶ 思政目标

认识新时代中国梦丰富内涵;认识科技创新重要意义,要敢于创新;提高安全意识和隐私保护理念。

▶ 工作任务

任务 1 认识 APP 营销
任务 2 了解 APP 营销模式
任务 3 领会 APP 营销技巧
任务 4 APP 营销案例展示

任务1　认识APP营销

问题引入

手机里的应用,是由每一个APP组成的,包括常用的微信、淘宝、地图、浏览器。对于移动互联网营销而言,APP是用户聚集的地方,如何在这些APP用户中发掘目标用户,如何利用这些APP已有用户提高产品的知名度呢?

解决方法

在移动互联网时代,企业可以采用APP营销来发掘目标用户、提高产品的知名度。

任务实施

1. APP 营销

APP是英文Application的简称,**是指在智能手机上安装的应用程序**。因为智能手机相对于传统电脑简便快捷的操作方式,即使对电脑不熟悉的人群仍然能够快速熟练地使用智能手机,这也就促进了APP的快速发展。由于APP包含图片、文字、视频、音频等各种丰富元素,同时相对于网页端信息精练清晰的特点,受到越来越多人的欢迎。

APP营销是指企业利用APP将产品、服务等相关信息展现在消费者面前,利用移动互联网平台开展营销活动。

2. APP 营销的特点

(1) **投入少**。移动互联时代的APP营销模式,费用相对于电视、报纸等传统媒体甚至是传统网络都要低很多,只要开发一个适合于企业自身特点的APP就可以应用了,可能还会有少量的推广费用,但这种营销模式和营销效果是电视、报纸等传统媒体所不能代替的。

(2) **持续久**。好的APP会在应用市场上下载数量靠前,能够赢得更多更好的用户口碑,形成良性互动,让企业的APP营销开展得更加顺利。用户使用APP时的用户体验好,就会一直使用下去并成为习惯,同时还有可能向身边的人推荐。这样,企业的营销就能在用户使用APP过程中实现。

(3) **精准营销**。大数据、云计算等信息技术已被应用到我们日常生活的方方面面。用户的每一次查询浏览、每一次点击关注、每一次购买行为都会被大数据记录。企业通过大数据分析,能对消费者的购买偏好、喜欢的颜色款式、能接受的价格、习惯使用的支付方式等信息进行精准定位,在消费者下一次打开APP时就可以向消费者推荐符合其审美喜好的相关商品,实现精准营销。企业还可以在APP的用户界面中提供丰富的个性化信息,针对每一位用户提供符合其偏好的促销信息、优惠礼券、个性服务等,让营销效果最大化。

(4) **信息展示全面**。APP对企业商品信息的展示是全面的,不仅包括详细的商品介绍、尺寸等规格参数、包装售后等服务信息,还包括消费者对商品的各种评价。借助以上信息,消

费者可以根据销量、价格、上市时间等各种条件进行搜索和排列，方便从海量数据中挑选出自己心仪的商品。

（5）**方式灵活**。APP 的营销方式较为灵活，用户可以通过手机应用市场、企业网站推送和扫描二维码等多种方式下载企业的 APP。企业可以随时在 APP 中推送最新的商品信息、促销优惠、针对消费者的互动活动、针对老用户的回馈服务等。

（6）**互动性强**。APP 是一个功能完整的应用程序，除了可以使用 APP 完成各种生活娱乐的需求外，还能通过评论、分享等行为进行互动，增加用户之间的联系。

3．APP 推广渠道

随着使用 APP 的人数呈爆发式增长，企业要想使自己的 APP 应用脱颖而出，就要选择好的 APP 推广渠道，促使用户下载安装 APP，只有安装好了 APP，才可以进行 APP 营销。下面介绍 APP 推广的七种渠道。

1）**安装平台推广**

企业可以把自己的 APP 放到安装平台上。在安装平台上，用户可以更容易地找到他们感兴趣的 APP，从而达到推广效果。

目前主流平台主要有以下五类。

❶ 网络运营商：移动 MM、电信天翼空间、联通沃商店等。
❷ 独立商店：安卓市场、安智市场、掌上应用汇、力趣安卓市场等。安卓市场如图 5－1 所示。
❸ 应用商店：Google 商店、小米商店、三星商店、魅族商店等。
❹ 客户端：豌豆荚手机精灵、91 手机助手、360 手机助手、腾讯应用中心等。
❺ 硬件开发商商店：华为应用市场、联想应用商店等。

图 5－1　安卓市场

2）**手机预装推广**

企业做 APP 推广时可以与手机制造商交易，让自己的 APP 作为某手机品牌预置的移动应用，这样可以更好地把 APP 推到用户面前，不过这种推广渠道成本可能比较高。

3）**微博推广**

很多用户每天都在用手机看微博，在微博上发现好玩的 APP，即可下载，APP 推广在微博上做得好的话，可以获得不错的点击率。

在微博上做 APP 推广时，建议做好以下四点。

❶ 直接带上下载链接，用户点击之后，可以链接到 APF Store 中的下载页。

❷ 描述内容要清晰，要把 APP 的好处列出来。

❸ 最好配合多组图片和视频，在用户没下载之前，可以快速了解 APP 的作用。

❹ 通过有奖活动、微博名人转发等方式吸引用户。

4）免费发放

免费发放 APP 是如今主流的一种 APP 营销方法，开发商供应无广告、无注册要求或其他附加条件的高级应用，让用户无门槛地使用和体验 APP，在某一特定时间段将这些 APP 无偿供应给网站访问者，并通过在线广告收回成本。例如肯德基 APP，对于用户无门槛下载，没有其他广告，只会放置关于肯德基的消息内容，为用户提供优惠券、搜寻用户附近的肯德基门店功能，并可在线提供快递服务。肯德基 APP 界面如图 5-2 所示。

图 5-2　肯德基 APP 界面

5）刷榜推广

利用刷榜的方法进行 APP 推广受到企业欢迎。因为绝大部分用户都会参考排名来下载 APP，如果某款 APP 的排名比较靠前，用户一眼就能看到，就可以快速获得用户的关注，并获得较高的真实下载量。APP 排行榜如图 5-3 所示。

企业使用刷榜方法进行 APP 推广时，产品的好坏是成功的关键点。不好的产品，即使被

项目 5　APP 营销

图 5-3　APP 排行榜

刷到排行榜前，也会很快掉下来，意义不大。推广只是一种手段，推广者要更专注于自己的产品本身。

6）视频推广

有不少企业利用视频做 APP 推广活动。例如，楚楚街、美丽说等 APP 常常通过不间断地在视频网站上投放广告来获取知名度，如图 5-4 所示。视频传达的信息是文字和图片无法替代的，应用酷炫展示视频来推广产品，很容易被受众群体记住品牌，如果同时加上现在流行的二维码，还会获得更好的效果。

拼多多 APP
推广视频

图 5-4　拼多多 APP 视频推广

7）资源置换推广

APP 推广方法中的资源置换主要是通过分析用户经常出没的场所，与这些场所进行资源置换。另外，可以在 APP 客户端中内置微博分享功能，并在微博的重点位置做推荐等。此外，还可以考虑和其他应用和门户网站进行资源置换。

同步实训

APP 推广经典案例阅读

1. 实训目的

了解 APP 推广方式。

2. 实训内容及步骤

(1) 扫码阅读 APP 推广经典案例。
(2) 总结支付宝 APP、途牛 APP、滴滴 APP、喜马拉雅 APP 的推广方法。

APP 推广经典案例

任务小结

1. APP 营销是指企业利用 APP 将产品、服务等相关信息展现在消费者面前,利用移动互联网平台开展营销活动。

2. APP 营销具有投入少、持续久、精准营销、信息展示全面、方式灵活,互动性强的特点。

3. 可以通过安装平台、手机预装、微博、免费发放、刷榜、视频,资源置换等方式推广 APP。

任务2 了解APP营销模式

▶ 问题引入 ▶

APP 营销是依托于移动互联网进行,使用移动终端呈现、以 APP(客户端应用)的形式发布产品、活动或服务、品牌信息的营销方式。作为智能科技的优秀代表,APP 带来了一种全新的媒体应用方式,也创造了全新的媒体交互环境。这种全新的传播方式对营销模式产生新的影响,APP 营销模式是怎样的呢?

▶ 解决方法 ▶

不同的应用类别需要不同的 APP 营销模式,APP 主要的营销模式有广告营销模式、APP 植入模式、用户营销模式、内容营销模式和购物网站模式。

▶ 任务实施 ▶

1. 广告营销模式

广告营销模式是最基本的 APP 营销模式。广告主通过植入动态广告栏链接植入广告,当用户点击广告栏时会进入指定的界面或链接,可以了解广告详情或者参与活动。这种模式操作

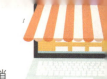

项目 5　　APP 营销

简单，适用范围广，只要将广告投放到热门的、与自己产品受众相关的应用上就能达到良好的传播效果。

为了不使消费者对广告感到反感，很多 APP 都通过与用户互动来留住用户。车友俱乐部 APP 的互动活动如图 5-5 所示。

图 5-5　车友俱乐部 APP 的互动活动

在这种广告营销模式中，用户看到广告，主动关注广告，广告商的广告已经影响了用户，然后通过用户的签到、分享，这则广告又在社交化网络中借用户的人际关系完成了传播和影响。这样用户得到了广告商的激励，广告商的广告得到用户的传播，从而达到双赢的结果。

2. APP 植入模式

APP 植入广告模式是指企业通过在 APP 中以植入动态广告栏的形式来植入广告，当用户点击广告栏时，进入预设的效果，达到宣传企业产品或者参与企业营销活动的目的。

之前一款热门的游戏 APP "疯狂猜图" 就是一款典型植入广告的 APP。"疯狂猜图" 是一款十分新颖的解谜猜图游戏，其最大亮点是能够不断扩大玩家的知识面，侧重于休闲和互动性，如图 5-6 所示。

图 5-6　"疯狂猜图" 游戏

疯狂猜图的植入广告营销模式主要有以下两种。

（1）用户每通过 10 关，就会弹出的硬广告。

（2）融入广告品牌营销。把 Nike、海信等品牌作为关键词，将品牌融入用户的互动，达到很好的广告效果。

APP 植入广告主要有页内轮播广告、封底广告、Loading 广告、其他广告下图片展示的封底广告等类型。

3. 用户营销模式

用户营销模式的 APP 类型分为网站移植类和品牌应用类。企业把符合自己定位的 APP 发布到应用商店内，供智能手机用户下载。用户营销模式具有很强的体验价值，让用户了解产品，增强产品信任度，提升品牌美誉度。

例如，欧莱雅推出的一款 APP"千妆魔镜"，省去了用户到专柜试妆的麻烦，如图 5-7 所示。用户可以直接利用手机的前置摄像头拍摄自己的影像，然后在页面上的"产品"中选择欧莱雅的一系列化妆品，每选中一件，屏幕上就会自动显示这款产品在用户对应部位上的效果，随着面部表情的变化，这些妆容也会跟着变化。

除了单一的产品外，还可以试用"设计师妆容"，这是一整套由设计师打造的妆容，还有明星的示范。用户可以保存自己试用的妆容。如果对产品感兴趣，可直接点击购买。

图 5-7 "千妆魔镜" APP

用户营销模式的重点是培养忠诚客户，忠诚客户经常重复性购买系列产品，对其他品牌具有免疫力。

4. 内容营销模式

内容营销模式主要是通过优质的内容，吸引精准客户和潜在客户，从而实现营销的目的。

内容营销模式对于一般品牌来说难度较大，加之企业社会化媒体 ID 为了保持活跃度，对日常内容的量要求较多，因此更需要创意来整合内容，使常规内容尽可能有趣、有关、有价值。例如支付宝"十年账单日记"，如图 5-8 所示。

【课程思政】——
认识新时代中国梦丰富内涵

支付宝十年账单日记

5. 购物网站模式

购物网站营销模式的 APP 多为购物网站所开发，商家于发出自己网站的相关 APP，投放到各大应用商店以及网站上，供用户免费下载使用，用户可以通过该应用随时随地浏览商品或促销等信息，并完成下单和交易。购物网站营销模式的 APP 是移动电商营销的主要趋势，对于用户而言，移动应用的特性更加方便商品的选购，对于购物网站而言，移动应用的便捷性也大大增加了流量和转化率，促成了更多的交易。

项目 5　APP 营销

图 5-8　支付宝 "十年账单日记"

同步实训

发现墨迹天气营销模式

1. 实训目的

了解 APP 营销模式。

2. 实训内容及步骤

（1）下载墨迹天气 APP。
（2）使用并了解墨迹天气各功能，找出 APP 中蕴含的营销模式。

任务小结

APP 主要的营销模式有广告营销模式、APP 植入模式、用户营销模式、内容营销模式、购物网站模式。

任务3　领会APP营销技巧

▶ 问题引入 ▶

了解 APP 营销模式后，只有掌握一定的营销技巧，才能更好地进行 APP 营销。APP 营销技巧有哪些？

> 解决方法▶

APP营销需要抓住消费者的内心、抓住创意、选择适合自己的推广方式。APP营销可以通过融入生活、产品与游戏的融合、利用用户休闲时间、线上与线下的联手、放大抛弃产品后果、个性定制和吸引用户眼球等方式来寻找创意。

> 任务实施▶

1. APP营销的三个关键点

1）抓住消费者的内心

企业在做APP营销时，第一点就是定位好消费者心里所需的，分析挖掘他们内在的需求和兴趣点，并与能抓住目标人群人性的某些元素结合，如好奇、分享、健康、感谢等。定位的成败关键在于与产品的贴合度，要既能适合品牌或产品，又能很好满足用户的需求。例如，暴走漫画为获取用户的喜爱，还提供了制作器，让用户自己制作"暴走表情"等，从而实现与用户互动口碑传播和知名度提升，如图5-9所示。

图5-9 暴走表情制作器

2）抓住创意

企业想要做出一个成功的APP营销，就绝对少不了创意，好的创意决定了好的品质，好的品质可以使消费者和用户接受这款APP。好的APP实用性很强，是生活的小助手，使用方便快捷，在开发产品时要将80%的精力聚焦到产品本身，想出一个贴合产品的好创意赢得用户。

3）选择适合自己的推广方式

企业在做APP营销时，千万不要图"免费"，就胡乱推广，那样很有可能不但没有盈利，还拉低了品牌形象，适得其反。因此，企业应找准自己产品的定位，选出适合自己的推广方式，这样才利于品牌形象的传播。

APP营销如何推广的9大手段

2. APP 营销的七大创意捷径

对于移动 APP 来说,用户数量的多少决定着它的成败。企业要想运用 APP 快速获取用户,可以通过以下七种方式找到 APP 营销的创意捷径。

1)融入生活

从用户的生活细节着手,发现未被满足的需求,再尝试植入产品。例如,星巴克推出的星巴克闹钟,下载后可以设定闹钟。在闹钟响起后,只需按提示点击起床按钮,就可得到 1 颗星,如果能在一小时内走进任意一家星巴克店,验证这个 APP,即可打折买到一杯咖啡和一个面包,如图 5-10 所示。

图 5-10　星巴克闹钟

2)产品与游戏的融合

如今很多 APP 营销将产品以体验的形式开发成了小游戏。如宜家 APP 可让用户自定义家具布局,用户可以创建并分享自己中意的布局,并参与投票选出自己喜欢的布局,宜家还会对这些优秀创作者进行奖励,如图 5-11 所示。利用这样一个互动小游戏,可以达到传播效果。

图 5-11　宜家 APP

IKEA 宜家新版
增强现实 APP

3)利用用户休闲时间

企业要利用用户的休闲时间,让他们无聊的时刻变得不无聊,会大大加强用户的依赖性。例如,法国航空曾推出一款"Music In The Sky"APP,如图 5-12 所示,安装后可在航班上听想听的音乐，只要用手机对着天空，搜寻空中随机散布的歌曲，找到后可直接试听。不同的国家会提供不同的音乐，让乘客乘飞机时不再无聊，让音乐融入空中生活，形成了良好的口碑传播，扩大了航空公司的影响力与知名度。

【课程思政】——认识科技创新重要意义，要敢于创新

习近平论科技创新（2021年）

图5-12 "Music In The Sky" APP

4）线上与线下的联手

通过扫描APP二维码，可以与线下的活动、广告等形式联手，解决线下活跃度不足的问题。比如可口可乐APP推出的CHOK活动，如图5-13所示。在指定的沙滩电视广告播出时开启APP，当广告画面中出现"可口可乐"瓶盖且手机出现振动时，挥动手机抓取电视画面中的瓶盖，APP在广告结束时揭晓结果并颁发奖品。

5）放大抛弃产品后果

企业可以利用逆向思维，向用户传输"抛弃思想"，让他们知道如果不用企业产品，他们会有什么烦恼。

图5-13 可口可乐APP CHCK活动

6）个性定制

将产品或服务通过APP实现个性化定制，大受用户的喜爱。例如，21cake推出的APP，能帮客户随时随地订购蛋糕，并送到指定的地方。客户不仅可以根据口味选择蛋糕，还可以根据适用对象来选择。

7）吸引用户眼球

想要吸引用户的眼球，就要抓住他们的欲望。欲望有很多种，如果将他们与企业或品牌的

相关元素融合，则会达到意想不到的效果。与生活密切相关的行业，如服装、电子产品、食品等快消品行业就适合采用这种方式。

同步实训

资料阅读：饿了么的APP营销

1. 实训目的

了解APP营销策略。

2. 实训内容及步骤

阅读材料，回答问题。

现代生活节奏的加快，使得点外卖成为许多人生活的常态。而伴随着互联网科技的发展，方便快捷的外卖APP则彻底颠覆了传统的电话订外卖的模式，成为外卖市场的主流。

饿了么在2008年创立于上海，经过10多年的发展，目前已经是我国主流的本地生活平台之一。饿了么能取得如此地位，与其精准的APP营销不无关系。

在成立之初，饿了么对目标市场的定位就非常明确，选择将大学校园作为业务开展的切入点和重点。一方面，大学人口集中，食堂虽然价格低廉，但是无法满足学生对就餐的多样性和可配送性的要求。另一方面，高校周围聚集着大量小型餐馆，它们受限于位置和距离，在经营过程中的主动性受到严重打击。而饿了么敏锐地发现了双方的需求，并将之转化为商机，架起了学生和周围餐厅之间的桥梁。饿了么选择将商机无限、潜力巨大的高校市场作为首先攻略的城池，展现了其营销过程中的目标市场定位和细分，即选择目标市场，并通过创造、传播和传递更高的顾客价值来获得、保持和增加顾客。

饿了么准确把握用户对于服务的需要，并以此打开市场。例如，校园用户的优势在于群体性强，对新鲜事物的接受能力强，同时作为学生，对于价格的敏感程度极高。饿了么很好地利用了用户的这一特点，采用各种促销手段，通过一系列的价格优惠来吸引、留住用户，如新用户下单优惠、各种赠饮打折活动等。除了线上的各种优惠活动，饿了么也十分注重线下的宣传，如"饿了别叫妈，叫饿了么"的宣传口号就十分形象生动，让人记忆深刻。这些手段对于增加用户以及增强用户黏性的作用十分巨大。

此外，饿了么还努力理解目标市场的欲望和需求，提供良好的设计和服务，创造、传递顾客价值，实现了自身及利益相关者的双赢。打开APP界面，系统能精确地定位用户所在的位置，自动搜寻附近的美食外卖，用户不用打电话就可以在线直接预订。而且，APP中餐品的列表以商标图片形式呈现，用户可以在购买之前看到外卖的内容介绍、点评以及照片等，这比很多实体店的服务还要到位、细致、贴心。最重要的是，用户可以通过饿了么APP获悉送餐时间，这对于追求效率的用户来说无疑十分具有吸引力。饿了么APP根据用户以及商户双方的需要，在系统页面上进行有针对性的优化设计，更好地服务用户。

饿了么不仅关注良好的用户体验，还致力于提供更好的顾客资产和品牌资产管理。在运营质量方面，饿了么有蜂鸟配送提供专业的配送服务。而在2017年3月1日，饿了么宣布"食安服务"APP上线，这意味着饿了么可以将涉嫌食品安全违规的餐厅举报至监管部门。在外卖配送和食品安全这两方面的提升改进，对管理顾客资产和品牌资产的贡献巨大，也提升了用户对平台的信任度。

思考讨论题：
请结合本案例，谈谈生活平台类 APP 营销的策略。

任务小结

APP 营销需要抓住消费者的内心、抓住创意、选择适合自己的推广方式。APP 营销可以通过融入生活、产品与游戏的融合、利用用户休闲时间、线上与线下的联手、放大抛弃产品后果、个性定制和吸引用户眼球等方式来寻找创意。

任务4　APP营销案例展示

问题引入▶

近几年，各类 APP 不断发展，但问题也随之而来。通常认为，传统营销是让用户被动地接收信息，容易让受众产生逆反心理，往往得到的是相反的效果；而 APP 营销是用户自己下载并接收产品信息，更加容易达到传播效果。但随着时间的推移，APP 同质化问题严重，如何做到脱颖而出呢？

解决方法▶

下面分别介绍 4 款在近年来快速崛起的 APP，或许能够给读者一些有益的启示。

任务实施▶

1. 抖音短视频：记录美好生活

抖音是一款音乐创意短视频社交软件，是一个专注于年轻人的音乐短视频社区。用户可以在这款软件中选择歌曲，选择自己喜欢的滤镜和美颜效果，拍摄制作音乐短视频并上传，形成自己的作品。抖音有精准的网络营销定位、强大的网络营销团队和正确的网络营销运营策略，这些前期的铺垫是必不可少的。抖音的出现使得微博都开始有了危机感。抖音的成功是因为以下几点。

（1）精准定位：年轻＋音乐＋创意。

抖音是一款专注于新生代的音乐创意短视频 APP，也是有着共同爱好的年轻人的交友社区。同时，抖音瞄准有创意、有态度的年轻用户群体，他们制作的视频内容质量更高、更有创造性，而且抖音也降低了用户制作视频的门槛。

（2）特色功能：音乐＋特效＋混剪。

抖音用户可以挑选自己喜欢的音乐，伴随节奏拍摄出极具个性的音乐短视频。抖音提供 10 余种类别的海量伴奏供用户挑选，在视频录制过程中提供 5 种录制速度。

抖音的火爆也带火了不少好听的歌曲，网易云音乐甚至有"抖音最火歌曲排行榜"，播放量也是高得惊人。抖音在视频录制以及合成处理的工序中均提供了不同类别的滤镜道具，包括录制工序中的道具滤镜、美颜开关和多种色调滤镜,以及处理工序中的特效滤镜和时间特效等。

(3) 众多流量名人的入驻。

抖音的火爆离不开名人效应,有大批流量名人入驻了抖音,他们每发布一个视频都有几百万次的点赞和转发,宣传效果不容小觑。

(4) 大面积广告轰炸。

抖音的广告包括逛街时就能看到的抖音海报,以及看电视时的综艺冠名广告。大范围的广告轰炸带来的效果显而易见。

抖音火爆之后,自然成了新的网络营销"流量洼地",有许多品牌搭上了这辆"顺风车"。其实早在 2017 年 9 月 21 日,抖音就首发 3 条品牌原生视频广告,携手爱彼迎、雪佛兰、哈尔滨啤酒三大品牌,共同开启"抖音品牌视频广告首秀"计划。这个广告模式一直沿用至今,用户只要打开抖音平台,就可以看到官方推送的品牌广告,与微博的广告推送功能类似。抖音火爆之后,也有不少品牌开通了账户,如支付宝、小米手机等,都在不断更新视频。

抖音的成功,在于它用一种新奇又有创意的方式让年轻人去释放自己的压力,展现自己的独特魅力和未被发现的表演才华。

2. 拼多多:拼着买才便宜

拼多多隶属上海寻梦信息技术有限公司,创立于 2015 年 4 月,是一家致力于为最广大用户提供物有所值的商品和有趣的互动购物体验的"新电子商务"平台。

拼多多通过创新的商业模式和技术应用,对现有商品流通环节进行重构,持续降低社会资源的损耗,在为用户创造价值的同时,有效推动了农业和制造业的发展。

创立至今,拼多多平台已汇聚 6.83 亿年度活跃买家和 510 万活跃商户,平台年交易额达 12.67 亿元,迅速发展为中国第二大电商平台。

2018 年 7 月,拼多多在美国纳斯达克证券交易所正式挂牌上市。

拼多多的商业模式其实并不复杂,就是一种网上团购的模式,以团购价来购买某件商品。用户可以将拼团的商品链接发给好友,如果拼团不成功,拼多多就会退款。许多人会在朋友圈、微信群转发拼多多团购的链接,这就使拼多多通过社交网络实现了一次裂变。

拼多多剑走偏锋,瞄准了被淘宝、京东忽略的三、四、五线城市人群,以低价大量吸取用户。这样的超低价策略使得很多对价格敏感的人开始使用拼多多。

调研发现,拼多多上有以下 3 类典型人群。

❶ 没有网购经验的人群;

❷ 知道淘宝、也在淘宝消费过,但未形成购买习惯的人群;

❸ 淘宝满足不了需求的人群。

其实无论是天猫还是京东,满足的都是较为追求品质的人群的需求,但少有人关注只需要"能用就行"的这批用户,而拼多多做到了。

拼多多的商业模式很简单:电商拼团、砍价。

如果是在淘宝上买东西,大都是一个人购买,但在拼多多上不一样,拼团能够让你获得更优惠的价格,所以几乎没有人会选择单独购买。付款后用户可以一键分享拼团,链接到微信等社交平台上,从下单到支付,再到最后离开拼单页面,每一个步骤都在暗示、引导用户分享。在完成拼团之后,用户还有机会获得拼主免单券,这也是变相鼓励分享。这个看似简单的分享、拼团砍价模式，就是拼多多崛起的关键。

通过降价这种最直接的方式，拼多多鼓励用户将 APP 推广给更多的人，用户省下来的钱也是实实在在的，拼多多获得的新用户也是实实在在的，这就是双赢！

这种拼团砍价其实就是批发和微分销，再借助社交平台流量的助攻。同时，参团的用户还都是在认识的亲戚、朋友之间进行分享，诱导用户产生裂变效应。在初期，拼多多几乎不用打什么广告就可以吸引大批用户，各种砍价互助群也跟着产生。

而为了吸引商家入驻，拼多多同样用了很多办法。免佣金、免费上首页等，这些都是现阶段淘宝、京东给不了的，这样就有大量的商家开始涌入拼多多平台。因此，从运营的角度评价，拼多多是成功的。

3. 小红书：标记我的生活

小红书是年轻人生活方式的展示平台和消费决策入口，由毛文超和瞿芳于 2013 年在上海创立，致力于让全世界的好生活触手可及。在小红书上，用户通过短视频、图文等形式标记生活中的点滴。截至 2019 年 7 月，小红书用户数超过 3 亿人，并持续快速增长，其中 70% 的用户是"90 后"。在小红书社区，用户通过文字、图片、视频笔记的分享，记录了这个时代年轻人的正能量和美好生活。小红书旗下设有电商业务，通过机器学习对海量信息和人进行精准、高效的匹配。2017 年 12 月 24 日，小红书电商被《人民日报》授予代表中国消费科技产业的"中国品牌奖"。2019 年 6 月 11 日，小红书入选"2019 福布斯中国最具创新力业榜"。2019 年 11 月 5 日，小红书再次亮相中国国际进口博览会，并与全球化智库（CCG）共同举办"新消费——重塑全球消费市场的未来形态"论坛。

从 2013 年一份红遍网络的海外购物攻略，到如今集内容、电商、社交等功能于一体，吸引不同的年轻人纷纷在此标记日常生活的多元化社区平台，小红书以社区为阵地，不断拓展内容分享的种类和边界，构建起外界难以复制的商业闭环。

小红书创立之初，是为了解决国人海淘、出国购物时信息不对称的痛点。早期，小红书邀请了很多旅居美国、日本、新加坡等地的人士撰写购物攻略。由于商品种类繁多、购物信息更新速度太快，小红书于 2013 年年底完成第一次转型，鼓励用户自己生产内容，以实现信息的多元化和高频迭代。

打开小红书的首页，一篇篇图文并茂的笔记在记录购买心得、分享使用体验的同时，也搭建起小红书真实而多样的商品口碑数据库，成为用户购买决策中极为重要的一环。

对于小红书而言，社区的用户活跃度远比电商转化率重要。"如果一定要对标一个 APP，我们更接近加了购物功能的中国版 Instagram。"小红书合伙人曾秀莲表示，小红书将始终围绕为社区用户提供服务。从产品设计来看，用户打开小红书第一眼看到的一定是社区而不是小红书商城，这一点从未改变过。

无论是"带货女王"，还是从《创造 101》走出来的甜美女孩，2018 年春节过后一批名人的入驻，为刚满 5 周岁的小红书带来了新的增长契机。

"在这件事上，我们从没有花过推广费，也不会刻意对名人做流量倾斜。"曾秀莲坦言，与其他社交平台相比，小红书最大的吸引力就在于"真实"，名人可以摆脱固有人设做自己，在这里分享生活中的点点滴滴。而对于普通用户而言，他们也希望看到名人褪去光环后最真实的一面。

目前，小红书社区每天产生数十亿次的笔记曝光，内容覆盖时尚、护肤、彩妆、美食、旅

行、影视、读书、健身等各个领域。平台通过海量标注的数据及机器学习的方式做内容分发，实现"千人千面"的精准匹配，以提升用户黏性和活跃度。

小红书能突出重围是因为踩对了3个时间点。一是海外购物，也就是背后的消费升级；二是移动互联网，小红书从一开始就发力移动端社区，顺应了潮流趋势；三是赶上了国家对于跨境电商的政策支持。

作为目前唯一成熟的变现途径——电商，小红书在价格、物流、品控、客服等方面仍与其他综合性电商平台存在一定差距。用户从进社区看内容到购买，不用跳到别的APP进行搜索才是更流畅的体验闭环，现阶段小红书提升电商能力已经刻不容缓。对于小红书来说，如何在社区与电商之间找到比例最佳的平衡点，将直接决定这家小而美的公司开往何处、行驶多远。

4. 美团：帮大家吃得更好，生活更好

美团的使命是"帮大家吃得更好，生活更好"。作为我国领先的生活服务电子商务平台，美团服务涵盖餐饮、外卖、打车、共享单车、酒店旅游、电影、休闲娱乐等200多个品类，业务覆盖全国2 800个县区市。截至2019年9月30日，美团年度交易用户总数达4.4亿人，平台活跃商户总数达590万户，用户平均交易笔数为26.5笔。

2018年9月20日，美团点评正式在港交所挂牌上市，市值一度突破4 000亿港元，超过京东、网易和小米，成为国内继阿里、腾讯、百度之后的第四大互联网公司，也是国内互联网"三小巨头"今日头条、美团、滴滴3家中最早上市的一家。

当前，美团战略聚焦"Food + Platform"，正以"吃"为核心，建设生活服务业从需求侧到供给侧的多层次科技服务平台。与此同时，美团正着力将自己建设成为一家社会企业，希望通过与各类合作伙伴的深入合作，构建智慧城市，共创美好生活。

在业内人士看来，成立于2015年的美团点评作为一个连接商家、用户和配送物流多方的互联网平台，是全球第一大综合性生活服务平台，其"无边界"的业务拓展模式，大可比拟如今市值突破万亿元的亚马逊。

美团CEO王兴认为，美团点评就是生活服务领域的"亚马逊"——美团点评围绕"吃"这一高频核心品类，成为集吃喝玩乐于一身的超级电子商务平台，这与亚马逊业务拓展边界围绕用户需求的逻辑如出一辙。

美团点评起步于团购，并在成立后将业务版图拓展到外卖、酒店、旅行、出行等多个领域。事实上，历经了团购时期的"百团大战""千团大战"，美团点评作为惨烈红海竞争中的幸存者，已经与饿了么形成了国内外卖领域双寡头对峙的局面。

在外卖战场的上半场，2015年美团与大众点评合并奠定了流量优势，新公司美团点评在腾讯的大力扶持下走上快速发展的通道，不仅市场份额反超此前一度领先的饿了么，还以逾60%的市场占有率稳居行业第一。

在美团点评牢牢把握住流量入口之后，互联网人口红利的消失使得美团点评与饿了么的竞争进入下半场。美团点评近两年来一路向外拓展多元业务，在其对标的亚马逊模式不断拓展边界的同时，美团也将面临与滴滴、阿里、携程等更多巨头的对抗。

美团点评率先完成上市融资，必然会给饿了么造成压力，但是这次融资不会给目前的竞争格局带来很大的变化。美团点评在餐饮外卖领域稳操胜券，但在有些市场并不容易取胜，如出行、旅游和零售。

不过值得庆幸的是，美团点评的亚马逊式"飞轮效应"已经开始显现——虽然边界在不断延展，但用户的黏性仍在增强。

【课程思政】——提高安全意识和隐私保护理念

APP 窃取数据防不胜防！
信息安全如何保障？

习题

项目 6 软文营销

● 项目概述

软文营销是一种古老的网络营销方式,曾经为脑白金等企业的营销创造过辉煌战绩,目前软文营销更是网络营销之魂。本项目将带领大家认识软文与软文营销、软文营销的特点、软文营销的方法和技巧。

● 学习目标

知识目标:
掌握软文营销的基础知识;掌握软文营销的操作步骤。
能力目标:
会撰写软文;会使用工具辅助软文营销。

● 思政目标

认识精益求精的工匠精神,在生活中践行工匠精神;做有操守和底线,有正确的价值观的时代新人。

● 工作任务

任务1　认识软文营销
任务2　走进软文世界
任务3　撰写软文
任务4　发布软文

任务1　认识软文营销

问题引入▶

史玉柱的经历很传奇，他曾经是莘莘学子万分敬仰的创业天才，仅靠 4 000 元起家，在 5 年时间内跻身财富榜第 8 位；也曾是无数企业家引以为戒的失败典型，一夜之间负债 2.5 亿元。当所有人都以为他会因此一蹶不振时，他却靠"脑白金"东山再起，以区区 50 万元人民币，在短短的 3 年时间里就使其年销售额超过 10 亿元，令业界称奇。"脑白金"靠什么打开了销量？

解决方法▶

在"脑白金"骄人业绩的背后，软文营销功不可没。"脑白金"巨大成功的背后，让人们找到了软文营销的秘密。软文营销是一种神奇的营销手段，它可以用简单的文字组合成有趣的文章，让网友无意识地深陷其中。企业通常借助文字表达与舆论传播使消费者认同某种概念、观点和分析思路，从而达到宣传企业品牌、促进产品销售的目的。

任务实施▶

1. 什么是软文营销

所谓软文营销，是指通过特定的概念诉求，以摆事实、讲道理的方式使消费者走进企业设定的"思维圈"，以强有力的针对性心理攻击迅速实现产品销售的文字模式和口头传播，包括新闻、访谈、采访、口碑等。

看脑白金
如何做软文营销

为了宣传茅台品牌，引导大众口碑传播，茅台酒厂名誉董事长季克良亲自撰写和发表了《茅台酒与健康》《告诉你一个真实的陈年茅台酒》《国酒茅台，民族之魂》等文章。这些文章一经发表就被各大网络媒体争相转载。通过简单的几篇软文，就释放巨大的引爆力，达到了传播品牌的目的。

2. 软文营销的优势

孔子在《系辞》中说："一阴一阳为之道。"自然界中存在着阴阳，是对立统一的阴阳两种能量，是构成万事万物的基础，世界上存在的一切都是由基本的阴阳能量所构成的。

基于此，有"硬广"，必然有"软广"，也就是大众所理解的"软文"。相对于硬性广告而言，软文的优势主要表现在以下五个方面。

1）软文成本比较低，性价比高

2012 年"中国好声音"总决赛的广告费最高曾经达到 100 万元/15 秒，央视一套广告费每秒动辄上万元，黄金时段广告费每秒超过 10 万元也是很正常的事情。平面媒体和户外媒体的广告费也让很多中小企业望尘莫及。而软文，除了主流平面媒体和网络媒体需要付费之外，有很多免费的平台。如果调研、策划、创意、撰写都到位，很有可能用免费的方式获得硬性广告付费都达不到的效果。

2）增强信任度，客户容易接受，有可能实现二次或者多次传播

新闻类的软文，容易让受众信任；故事性的软文，容易让受众记住你；科普性的软文，让受众觉得有收获。对于软文来讲，如果确实能给受众带来价值，哪怕是一句话、一个观点对受众有启发、有帮助，受众都愿意接受并且极有可能自发传播软文。

3）软文的持续性强

平面媒体软文，除了当期能与受众见面之外，也可以从图书馆或者数据库中查找到。如今很多平面媒体也有了网络版，从网络也能检索到。网络软文，更不用说了，只要服务器不关，只要互联网不消失，将永远存在。

4）软文的受众更精准

硬性广告仅限于能够直接见面的受众，不知道是不是目标受众，只能是"瞎子拿机枪，乱扫一气，能打几个算几个。"软文相对来讲针对性更强，从标题、内容上都可以精准地针对受众，特别是网络软文，通过百度检索带来的流量更为精准。

5）软文操作更灵活

硬性广告的时段、版面、刊期等限制较多，软文除了平面媒体受刊期、版面篇幅所限之外，网络软文可以不限篇幅，可以插入图片，也可以插入超链接，还可以设置百度检索的"关键词"。

3. 软文营销的缺点

软文营销的优势足以让很多企业怦然心动，但是任何事物都有两面性，软文营销也不例外。软文营销主要有以下四个缺点。

1）首页更新快，难以保持优势排位

网络软文营销方面，虽然软文大多能够在百度搜索新闻栏目里排到首页，不过这个首页的更新速度也是比较快的。因为百度新闻的排名，是根据时间进行的，如果每天都有大量的软文发布，那么所发布的软文也可能很快地从首页被压到后面去，进入第二页甚至是第三页。

2）软文营销费用逐年递增

随着软文营销的兴起，软文营销的费用也在逐年增加。越是权威的媒体，其发布费用也越高，部分媒体审核稿件的条件也越来越苛刻。虽然现在不少软媒都推出了不同新闻网站组合的套餐，对软文发布的费用进行了优惠，但是软文发布对于中小微企业来讲仍意味着一笔支出。

新媒体渠道方面，使用第三方自媒体大号发布，费用也在增加。企业自己培养自媒体周期又比较长，组建专业的团队也困难重重。H5 等形式，大多中小微企业没有实力独立开发，只能使用模板，受到很多限制。此外传统媒体、网络媒体、新媒体的整合传播都需要时间和实践来积累经验。

3）软文写作瓶颈难以突破

软文写作的瓶颈一直没有突破，目前国内的专业软文写手的能力普遍不够，高水平的软文写手依然是凤毛麟角。水平普通的软文即使在传播渠道上花了费用，所产生的传播效应和市场结果也不一定理想。

4）软文对网站长尾关键词的优化变弱

有的网站对于发布软文提出了一些要求，比如对给出的锚文本链接设置 nofollow 属性。

nofollow 是 HTML 页面中 a 标签的属性值。这个标签的意义是告诉搜索引擎"不要追踪此网页上的链接或不要追踪此特定链接"。还有就是进行了 JS 跳转，这是为了保证自己的新闻网站权重不丢失，而且有的知名门户网的软文发布，大多带的是纯文本链接，甚至不允许软文留下链接，这些都会在一定程度上弱化软文对网站长尾关键词的优化。

以上都是网络软文营销的缺点，巧妙地应用其长处，扬长避短，才能让软文营销为企业带来更好的品牌效应和销售收益。

同步实训

拓展学习：褚时健与励志橙

1. 实训目的

认识传递正能量的软文营销案例。

2. 实训内容及步骤

（1）上网查找并学习褚时健与励志橙相关资料；
（2）思考"励志橙"背后的营销方法。

【课程思政】——
精益求精的工匠精神

褚时健：匠心做褚橙

任务小结

软文营销，是指通过特定的概念诉求，以摆事实、讲道理的方式使消费者走进企业设定的"思维圈"，以强有力的针对性心理攻势迅速实现产品销售的文字模式和口头传播，包括新闻、访谈、采访、口碑评价等。

任务2　走进软文世界

▶ **问题引入**

软文是软文营销的基本工具和手段，是软文营销的核心，但软文并不是软文营销。那么，什么是软文？

▶ **解决方法**

有专家指出，软文的重点在这个"软"字上，"软"是相对于硬性广告而言，是一种藏而不露的文字广告形式，是由企业的市场策划人员或广告公司的文案人员来负责撰写的"文字广告"。

▶ **任务实施**

1. 什么是软文

有学者认为，凡事未涉及重大政治、军事、社会事件的新闻，一律被称为软新闻，也就是

项目 6　软文营销

我们平常所说的软文。软文是从重大的新闻报道中脱颖而出的信息内容，人们根据这种信息来对自己的生活方式、工作方式和采购等行动做出指导和选择。

瑞星推广产品的一个经典软文，如图 6-1 所示。

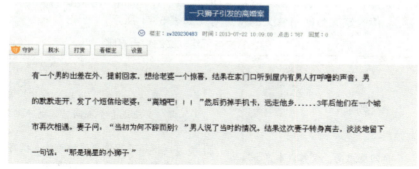

图 6-1　瑞星产品推广软文

也有学者认为，软文就是企业通过策划，在报纸、杂志或者网络媒体上刊登的可以提升企业品牌形式和知名度、促进企业营销的一系列宣传性、阐述性文章，包括特定的新闻报道、深度文章、付费短文广告、案例分析等，因此又被称为"软文广告"。在如今信息碎片化的时代，微博、微信已经改变了媒体的格局，以上对软文的定义有些过时了。

随着新媒体的发展，软文与硬性广告的结合更为紧密，或者说有些时候已经难以区分。比如，软文形式的硬性广告，代表类型就是"凡客体"，如图 6-2 所示。凡客体出现之后，涌现出来的各种"文体"，虽然是软文，但是却用硬性广告的形式来表现。这类新兴的表现形式同样称为软文。

图 6-2　"凡客体"硬性广告

软文不仅是企业营销制胜的法宝，在政府舆情引导、政府形象塑造方面同样在发挥着重要作用。针对软文可以很简单地解释为："软文就是通过某种形式传播的，以达到某种目标的文字或者文字的组合。"

2. 软文的分类

根据体裁，软文可以分为两大类：一类是文章体裁，分为记叙文、议论文、说明文；另一类是文学体裁，分为小说、诗歌、戏剧、散文。在上述文体中，都可以植入某种行动目标，因此都可以称为软文。

根据软文的内容特点，软文可以分为新闻类软文、故事类软文、科普类软文等。

根据软文的主要行动目标，软文可以分为产品类软文、服务类软文、品牌类软文、公关类软文。

根据人们的理解方式，软文可以分为传统软文和网络软文。下面重点对比一下传统软文与网络软文的特点，以便我们更清晰地了解网络软文的力量。

传统软文以杂志、报纸、海报、书籍、信函、宣传册等为主；网络软文基于互联网的形式存在，可以演变成博客、论坛、微博、微信、QQ留言、E-mail、网络签名、电子书、百度文库、百度问答等。传统软文与网络软文的特点对比如表6-1所示。

表6-1 传统软文与网络软文的特点对比

特点	传统软文	网络软文
介质	以印刷或者打印为基础的表现形式	门户网站、博客、论坛、微博、微信、网页、QQ群、企业或者个人网站、电子书等
成本	撰写要求高，发布成本高	可以根据不同传播途径的特点撰写，形式更灵活，发布可以付费也可以免费
发布时间	因审稿、校对、印刷等环节，发布周期长	随时可以发布
覆盖面	限于媒体的传播范围	基于互联网，范围不受限
针对性	很难找到精准的目标人群	结合搜索引擎，可以找到精准的目标人群
寿命周期	短，难保存，阅读率低	长，只要服务器不出问题，永远存在
整合性	比较差，不同媒体审稿标准、收费标准、出版周期不一致	撰写完成一篇网络软文之后，可以根据不同传播途径进行再次修改、提炼，在同一时间段可以进行整合操作
客户体验	差，需要拨打电话咨询或者再次上网检索获取信息	强，通过嵌入的图片或者链接，单击一下鼠标即可获取所需信息
互动性	差，需要向媒体反馈	强，可以直接回复

从上表可以看出，网络软文的优势极大，但是必须提出的是，传统软文的可信度高，仍然有非常大的影响力。因此，将传统软文与网络软文结合起来，加以整合，可以起到更好的传播效果。

3. 软文载体及其特点分析

1) 平面媒体软文

平面媒体主要指具有合法发行刊号的报纸、期刊。软文营销选择这些媒体作为载体，对于软文撰写的要求比较高，必须提前研究所投放媒体的选题偏好、媒体风格、媒体的读者群及费用预算。除此之外，还有一个最重要的问题就是出版周期与发行日期，这些直接影响到软文营销中发布平台的整合。

2) 非正式出版的基于印刷、打印形式载体的软文

这主要指政府、企业自己印刷的宣传册、DM杂志、企业内刊等。在软文营销实施过程

中，这些载体上的软文一定要和硬性广告分开。否则，本来就已经心存芥蒂的读者，会对这些载体上的软文不屑一顾。这类载体上的软文要特别注意校对。

3）硬性广告中的软文

这主要指户外广告、平面媒体广告中的文字。这些文字除了要符合广告设计的原则之外，还要承担软文营销的目标功能。文字一般不多，但是字字必须千锤百炼。广告中的软文不一定需要华丽的辞藻，实现目标才是重点。

4）博客中的软文

博客中的软文相对比较轻松，可以多角度、多形式地撰写，不用担心文章被删除，不用担心不能加链接，不用担心图片加不上去，只要符合相应的目标人群的文化即可。博文的篇幅也不受限制，但是建议每篇不要太长，600～1 000字即可，只要把想表达的观点阐述透彻即可。博客中的软文在软文营销的实施过程中，应该承担关键词优化的重要责任。如果一篇软文在网络媒体上投放了，建议不要原封不动地照搬到博客上，这样会降低百度收录网络媒体上该篇软文的概率。即使要放进博客，也要以转载网络媒体新闻的形式来操作。

5）微博中的软文

微博中的软文要么感性，要么有趣，要么经典。否则，没有人去阅读，没有人去转载。微博中的软文要特别注意及时回复粉丝和好友的反馈。在保证微博软文质量的前提下，微博中的软文推广有两个窍门：一个是尽量去@名人，当然，也可以去@你的目标客户；另一个就是许诺某种利益，让别人转发。

6）微信中的软文

微信与微博最大的不同在于微信中的好友大都是你认识的，或者是你朋友的朋友，因此微信中的软文比微博中的软文有更高的可信度。微信中的软文可以比微博中的"软"一些。当然，分享性、趣味性和价值感同样是微信软文的诱人之处。

微信软文的推广取决于你微信的好友数量，一般微信软文主要在公众平台（订阅号和服务号）发布，也可以再转回到微信的个人账号中。转到微信个人账号中的软文可以分享到微信朋友圈，也可以群发核心内容带链接。

如果微信软文的内容写得比较好，除了真实地邀请朋友协助用微信传播以外，建议增加传播费用预算，借用第三方的发布平台来进行微信的矩阵传播，再辅助以其他媒介形式的传播效果更佳。目前第三方的发布平台主要有泉之媒、乐推微、云自媒等，这些平台上聚集了媒体的微信公众号、不同层次意见领袖的微信私人号码。

7）论坛中的软文

论坛中的软文一定不能太像广告，否则会随时被删除。软文的用语不要太书面化，尽量多用网络语言。论坛中的软文如果加图片或者链接遭到抗议，可以退而求其次，注意关键词优化到了即可。

论坛中的软文与其他载体的不同之处在于，发布完之后可以顶帖，如果帖子创意很好，再加上成功顶帖，就会成为热门帖子，效果就会事半功倍。

8）网络媒体软文

网络媒体主要分为全国门户、地方门户和行业门户等，他们对软文的审核标准差别也很大。网络软文在实践中，首先是为了引流和展现搜索的效果，其次是解决品牌信任度的问题。

一般情况下，大站审核都比较严格。新浪、网易、人民网等媒体，很多频道发布软文是不能带链接的。这种情况下，只要文章标题优化了推广的关键词也是可以接受的。

9）电子邮件中的软文

电子邮件中的软文不需要进行太华丽的平面设计，否则会被别人当成广告直接拒绝或者根本不打开看。建议标题和正文精简再精简，目前不太建议用附件形式再展现，除非是图片之类的不适合直接展现的内容。电子邮件中的软文重点应放在标题和开头上。

10）站长软文

这类软文的首要目标是迅速增加网站流量，其次才是提高客户转化率，这类软文更看重外链。

11）淘宝店软文

这类软文就是电子商务网站中的产品描述的软文，其销售目的更直接，可以写得更软，实际上就是要回答清楚三个问题：产品的优势是什么？为什么要从你那里买？为什么现在就要立即买？

如果扩展一下，还要解决信任度的问题，买了不好怎么办，产品背后有哪些东西能让人更信服。这些文字可以独立成章，也可以独立成篇，要与图片配合在一起展现在淘宝页面中，营销效果才会实实在在地看得见。这类软文也可以应用到企业产品的宣传单页上。如果应用到网页的设计上，就是营销型网站最核心的部分。

12）销售信

销售信应用得比较广泛，可以打印出来，也可以用网页呈现出来，还可以用简约的"文字+图片"呈现在微信中。销售信背后的思路就是"引流、说服、成交"，围绕这个思路具体展开。第一，要确定一个直击客户内心的标题。第二，销售信开篇，要深挖客户的痛点，不怕往伤疤上撒盐。第三，把产品对客户的好处说清楚，可以只说重点，附带其他点。第四，进一步塑造产品或者服务的价值，如果能有层层递进的过程效果更好。第五，要写客户见证，销售承诺。最后，给出行动的理由。

案例

我们能为你提供什么特别的吗？

尊敬的客户：

您好像错过了我们展示最新产品的精彩展厅，可能您太繁忙了，因此脱不开身来。由于您是我们最重要的客户之一（而且我们也知道您对于跑车青睐有加），因此我们希望向您介绍几款即将于下月中旬开始发布的极致跑车。

我们认为其中一款新型号会让您和您的夫人非常感兴趣，那就是巴塞罗那汽车制造厂所生产的新型空气力Aero。如果您想仔细观察一下这款卓越的跑车，并进行试驾，请在2月21日之前给我打电话。如果您在3月份非常繁忙，我可以将Aero开到您家或您的办公室，以便您亲自过目，并进行短期试用。

项目6 软文营销

同步实训

软文载体及特点总结实训

1. 实训目的

总结软文各类载体及特点。

2. 实训内容及步骤

学习本单元任务,完成下表的填写:

软文载体	特点
……	……

任务小结

1. 通过某种形式传播的、以达到某种目标的文字或者文字的组合就是软文。
2. 在平面媒体、非正式出版的基于印刷、打印形式载体、硬性广告中的软文、博客、微博、微信、论坛、网络媒体、电子邮件、淘宝店、销售信等中可以找到软文。

任务3 撰写软文

▶ 问题引入 ▶

软文营销是一个系统,从实施的常规步骤来看,主要包括调研、策划、撰写、发布、评估。评估的结果又可以作为调研的信息来源,持续操作又可以进入新的一轮策划,从而形成闭环。在软文营销中软文的撰写,至关重要,如何提炼吸引人的标题?如何让正文读起来酣畅淋漓?如何做到收尾干净利落?如何植入广告不让客户反感?如何给客户提供价值?如何用修辞让文章通俗易懂?如何让软文有说服力?

▶ 解决方法 ▶

软文撰写方面不仅仅要有技巧,还要走心。软文撰写忌不重视读者、忌标题差、忌拖泥带水、忌不符实际、忌有头无尾。

▶ 任务实施 ▶

1. 掌握标题技巧让软文效果倍增

无论是哪种传播载体的软文,读者第一眼看到的都是标题。广告学之父大卫·奥格威曾经说过:"平均而论,标题比文章多5倍的阅读力。"因此,标题的重要性毋庸置疑。据广告学方面的资料统计,好标题激发的广告阅读率在50%~90%,差标题广告阅读率在5%~20%,一般性的广告标题阅读率在20%~50%。一个好的广告标题与一个差的广告标题所产生的利润相差20多倍!撰写一个优质的软文标题应遵循以下三大原则。

1)关键词原则

考虑到软文投放后可能带来的长期搜索流量,软文标题需有意识地进行关键词设置。企业可以根据具体的需求,选取合适的网络热门的关键词与软文内容本身的关键词,并将二者进行配置组合。如软文《荣耀70即将发布,明星代言的华为ncva10也已官宣,谁才是主角》,其标题设置了"荣耀70"、明星和"华为nova10"三个关键词,这比只设置"荣耀70"或"华为nova10"关键词更容易被搜索到。

2)吸引力原则

标题存在的首要任务就是要获取读者的注意,引领读者去点开文章阅读第一句话。因此,这就要求标题从目标用户的角度出发,围绕目标用户的关注点撰写,以获取更多的点击量。此外,标题的撰写方法还可从以"新"馋人,以"悬"引人,以"险"吓人,以"秘"迷人,以"稀"动人,以"利"诱人,以"事"感人等角度切入。

3)精简性原则

在信息超载的媒体环境中,用户的注意力被大量分散,用精简的语言清晰地表达重点才更能抓住用户的眼球。软文标题主打的卖点最好不要超过两个,字数(含标点符号)不要超过30个字。

标题千万不能忽视的两个事项:

第一,以硬性广告形式操作的软文,标题和文字内容要严格遵守《广告法》的相关规定。

第二,注意不同载体形式对标题的要求,不能一个标题打天下,在所有传播渠道中"通吃"。平面媒体标题语言要尽量正式,不要刻意追求网络媒体标题中插入关键词的手法。网络论坛中的标题一定要口语化,适当地有粗口都无所谓,夸张、讽刺、嬉笑怒骂都可以,符合网民习惯反而显得入乡随俗。电子邮件传播的软文,标题不需要考虑关键词,能直接讲清楚为客户带来的利益即可。微博因为受140字所限,标题也尽可能短,也是口语化语言。微信中的软文标题可以随意一些,字数不受限制,又大多数是圈子里传播,可以各种语言特点的标题都用。

下面介绍一些标题常用的写法套路,只要熟练掌握几种,就可以应对自如了。

(1)新闻式:建立读者信任。

新闻式标题是指在标题中准确清楚地描述时间、地点、人物、事件等基本要素。相比向读者展示简单、直接、粗暴的销售广告标题,新闻式标题采取从第三者的角度报道的形式,更容易被读者接受;读者从关注新闻资讯的角度去阅读,也更容易建立信任感。

新闻式标题重在准确地传达信息,主要由以下要素组成:"时间+地点+事件"或"人物+时间(地点)+事件"。

案例:

房地产软文:《九龙广场今天认筹开启,现场盛况火爆,势不可挡!》

游戏软文:《球王现身〈实况足球2018〉9月14日正式发售》

（2）盘点式：解决读者麻烦。

干货盘点、经验分享类软文本身就自带流量，容易受读者青睐。因为读者觉得可以通过作者的经验总结和分享快速地获取一些信息、技能，并可以少走些弯路。如果能在标题上善用数字概括，强调文章内容的实用性和可达性，让读者觉得内容聚焦有价值，能够帮助他们省时省事、解决麻烦，就容易增加软文的阅读量、收藏量和转发量。

盘点式标题主要由以下要素组成："数字 + 品类/知识技巧 + 好处"。

案例：

《7月份即将上市的8款重磅新车，最后一款性价比逆天！》

《忍痛分享30个连衣裙品牌，便宜好看到不想告诉你们》

《搞定公众号排版的10个方法，看这篇就够了！》

《上班族的理财选择，5个理财小技巧，教你摆脱月光》

（3）借力式：发挥热点效应。

借力式标题是指将时下的热门事件和名人明星的热门话题植入到软文的标题中，充分发挥热点效应，有利于增大标题对读者的吸引力，让软文在众多的信息中脱颖而出。

借力式标题主要由以下要素组成："热点事件/知名人物 + 广告类别"。

案例：

《深夜食堂被吐槽，这个锅日式料理不背！》

《2016广州马拉松　你不知道的跑鞋数据都在这里》

《〈我是演说家〉总决赛，90后美女演讲"保险的力量"感动全场！》

（4）绑定式：绑定读者关注。

绑定式标题是指通过绑定读者的关注圈来吸引关注。因为相比其他信息，读者更关心与自身息息相关的信息。在标题中加入与读者自身描述相符的标签，如地域、年龄、性别、收入、职业等关键词，让读者能从众多信息中一眼识别出来，在最短时间内抓住其注意力，提高代入感。而通过绑定读者关注的话题，如热门话题、名人明星、长期兴趣、切身利益、正在进行的任务等，能让信息逃过大脑的筛选，增加对读者的吸引力，从而大大提升文章的点击阅读量。

绑定式标题主要由以下要素组成："符合读者的身份标签 + 关注的话题"。

案例：

《月入2.5万北漂家庭，如何理财实现3年生娃5年买房》

《有房一族烦注意，5月起，许多房屋买卖可能要加税了》

《深圳想要买车的人一定要等到7月，看完这篇文章你就知道了！》

（5）悬念式：吸引读者眼球。

悬念式标题是指通过在标题中不把内容概括清楚完整，将正文中最能吸引眼球的内容或细节提取出来，放到标题中提前来个暗示；或把事件的经过描述出来但不告知结果；抑或是直接说出一个令人惊讶的结论但又不告诉其原因或过程，刻意营造悬念和制造疑问，让读者产生猎奇的心理，想要立刻点进去一看究竟。

悬念式标题主要有两种表现形式：一种是反常或好奇型悬念标题，句式是"反常或好奇的内容 + 引出疑问"；另一种是恐惧型悬念标题，句式是"警惕性词语 + 具体悬疑的内容"。

案例：

反常型：《水果也有副作用，这5种不是所有人都能吃》

好奇型：《382天不吃饭，一年瘦了250斤！怎么做到的？》
恐惧型：《警惕！2017最难转手的十类房子，买了可能就是你的麻烦！》
恐惧型：《当心！双脚是全身健康放大镜，出现这7个症状千万别忽视》

软文标题中设置悬疑要十分慎重。要控制唤起恐惧的程度，不宜过低也不宜过高，过低无法吸引读者阅读，过高读者会逃避而不是选择面对恐惧。所以，只有从自身产品或服务出发，科学地设置恐惧情绪，提醒读者这些危险和恐惧随时都可能发生，并让他们意识到该产品或服务能真正地帮助他们消除恐惧。

（6）对比式：唤起读者痛点。

对比式标题主要分为与自己的过去对比和与别人对比。

❶ 对比过去式标题：指出读者过往行为中一些不合理的地方或是失败的经历，激发他们想要改变现状或不想重蹈之前的错误的心理。如"曾经错过大学，别再错过本科"这个标题，就是利用读者不想要在同一个地方跌倒两次的心理，刺激读者付诸行动。

对比过去式标题主要由以下要素组成："过去失败经验＋现在应该如何避免"。

案例：

《曾经错过大学，别再错过本科》

《面试碰壁多少次，才知道去考个本科证》

❷ 对比别人式标题：指利用读者不想落后于人的心理。"人有我无，我有人优"的状态特别容易激发行动。如"同样的工作，发工资后才发现，有学历和无学历差距那么大"这个标题，就更容易唤醒读者"别人和自己一样，凭什么别人得到的比自己多"的痛点，从而促使读者产生要考取本科学历的冲动。

对比别人式标题主要有两种表现形式：一种是"同样的工作/年龄收入等，别人做了A事件而自己没做导致了差距"，其中"A事件是优越性事件"；另一种是"自己还在做A事件，别人已经在做B事件"其中"B事件与A事件相比，具有领先性、优越性"。

案例：

《同样的工作，发工资后才发现，有学历和无学历差距那么大》

《你还在微信聊天？他们都用手机学英语》

《还在辛苦加班拿死工资，人家已经加微信学投资了！》

（7）提示式：提醒读者注意。

由于人类的应激反应，对于周遭环境的变化非常敏感，因此如果在标题中设置与读者身边息息相关的外界变化的通知和提示，就更容易引起读者的关注。提示式标题往往会使用"注意""开始""今天""新消息""新资讯"等词语提醒读者注意，催促读者采取相应的行动。

提示式标题主要有两种表现形式：一种是"目标群体＋提示性词语＋具体提示的内容"；另一种是直接省略目标群体的描述，即"提示性词语＋具体提示的内容"。

案例：

《春节回家的小伙伴注意，下周四可买春运火车票了（附抢系攻略）》

《银行将开始清理这些卡！有长期不用银行卡的人需要注意》

《教育部最新资讯：高考今天可查分！填志愿这几个流程一定要清楚！》

（8）秘闻式：激发读者好奇。

人类天生喜欢探究未知事物，对于好奇的、感兴趣的事物刨根问底。在标题中利用人类这一天性，设置揭秘式的标题，往往容易引起读者的关注。这类标题常用的关键词有"揭秘""内幕""真相"等。如能在标题中告知读者这是个大部分人都不知道的秘密；或是在标题中加入权威行业机构或专业人士的背书，如"央视""航空公司""医生"等词汇，就能更大限度地增加标题的吸引力，促使读者迫不及待点击阅读。

秘闻式标题主要由以下要素组成："前缀＋秘闻内容＋后缀"，如"前缀：权威行业机构/专业人士＋秘闻式关键词＋后缀：秘闻式句子"。

案例：

《央视揭秘"高额信用卡"骗局，已有6 000多人受骗》

《航空公司不会告诉你，在这订机票低至1折，90%的人都不知道》

（9）互补式：促使读者行动。

互补式标题是指在标题中告诉读者过去使用的某种产品并没有发挥出它100%的功效，并告知他们给该产品增加一些互补性的产品，会使原有的产品发挥更好的效果，从而促使读者行动。

互补式标题主要由以下要素组成："在A中加入/配上B＋更佳效果的描述"，其中A代表的是读者已购买的产品，B代表推荐的互补产品。此外，B还可以用"它"替代具体的产品名称，让读者产生好奇心理，从而促进点击阅读。

案例：

《很少女人知道，在BB霜里面加入它，贴妆效果翻倍》

《苦恼自己头屑多？在洗发水里加入它，轻松去头屑，效果显著》

《海带能减肥，配上这种蔬菜一起吃减肥效果更佳！》

（10）稀缺式：刺激读者购买。

稀缺式标题运用读者"物以稀为贵"的心理，在标题中提供给读者一个看似稀缺的机会，通过对时间、数量、地点、人群或职业等进行限制，如"最后1次""仅限今天""最后100个名额"等，让读者感受到"物以稀为贵"和产生"绝不能错过"的心理，从而促进点击阅读，刺激读者购买转化。

稀缺式标题主要由以下要素组成："稀缺性关键词＋具体稀缺的内容"。

案例：

《最后100个名额！7月9日搜狐焦点免费观影节报名啦！》

《最后1天！2017年成人高考资料免费领取入口！》

（11）向往式：制造心理向往。

向往式标题是指在标题中向读者描述一个他们很想达到却很难达到的目标，告知他们现在有方法可以让他们达到理想中的目标，成为他们想要成为的人。激发他们内心的渴望和向往，促使他们完成点击购买。

向往式标题主要由以下要素组成："描述向往事件＋如何达成"。

案例：

《简单护唇三部曲　你也可以有水润娇嫩唇》

《好羡慕女明星的美背杀，只要选对款你也可以有！》

（12）故事式：拉近与读者的距离。

故事式的标题对读者更具有黏性。将内容中最能吸引眼球的转折点、最励志或最有情怀的故事细节提取到标题中来，让读者深受感染，想要进一步了解作者成功背后的辛酸历程和成功经验，从而促使读者点击阅读。

故事式标题主要有三种表现形式：第一种是成功型的故事标题，句式是"过去的辛酸＋现在的成功"；第二种是情怀型的故事标题，句式是"花费多长时间/放弃多少钱去做一件事"；第三种是将前两种句式结合的混合型的故事标题。

案例：
成功型：《3岁丧父，摆地摊卖煎饼当搬运工，44岁后月入过百万！》
情怀型：《90后浙江小伙放弃百万年薪，选择去乡间做农业为圆梦！》
混合型：《从濒临倒闭到年收入15亿日元，20年来他把一碗米饭做到极致》

2. 软文开头的写法

"一个好的开头，等于成功的一半"，这句话同样适用于软文撰写。软文开头主要有以下四种方式可以借鉴：

（1）**开门见山**。开宗明义，直奔主题，引出文中的主要人物或点出故事，或揭示题旨，或点出要说明的对象。用这种方式开头，一定要快速切入中心，语言朴实，绝不拖泥带水。

朱自清先生在《背影》中的开头值得借鉴："我与父亲不相见已两年有余了，我最不能忘记的就是他的背影。"一句话交代完，即点了题可以展开内文了。

（2）**情景导入**。在开头有目的地引入或营造软文行动目标所需要的氛围、情境，以激起读者的情感体验，调动读者的阅读兴趣。用这种方法去写开头，对于渲染氛围、预热主题有直接的效果。

例如："灯下，我正在赶写堆积如山的作业，父亲轻轻地走进我的房间，把一杯热气腾腾的姜丝可乐放到了写字台上。透过层层雾气，望着父亲离去的背景，我的眼睛湿润了，泪水不知不觉地流了下来。"

文章中心思想是表达父爱，开头先描写这个场景，温馨感人。下面讲故事就有了铺垫。如果是评论形式的软文，这种方式就更简单了，就是把要评论的事情简单地描述一下。

（3）**引用名句或自创经典话语**。在文章开头，精心设计一个短小、精练、扣题又意蕴丰厚的句子，引领文章的内容，凸显文章的主旨及情感。如果实在没有灵感也没关系，找个合适的名人名言、谚语、诗词等都可以，既显露了文采，又能提高软文的可读性。

这种方式开头可以引申出故事导入，将富有哲理的小故事，或与要表达的中心思想、段意相关的小故事直接做开头，一句话解释道理也不失为一个容易入手的开头形式。

（4）**巧用修辞**。修辞的常用手法有比喻、比拟、借代、夸张、对偶、排比、设问、反问等。用这些修辞手法去写开头会非常容易，还可演变出很多开头的方式。

关于高端猪肉的一篇《禁止瘦肉精为何这么难》软文，就用这种反问形式的修辞手法做了开头。

3. 正文布局技巧让软文耐看

软文布局，就是软文撰写中对素材、文字和标点符号及数字的组织排列，是把文章中的所有材料、作者的认识，软文布局按照软文的中心思想和行动目标，合理地排列，组成一个完整而和谐的整体。简单来说，软文布局就是文章的结构、组织形式，也就是段落安排。

软文的布局如果能做到"凤头、熊腰、豹尾"，就是一篇完美的文章。"凤头"就是开头

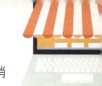

新奇；"熊腰"就是中间内容详尽；"豹尾"就是结尾巧，强而有力。具体来说，软文布局要做到：

"秩序井然"，所有材料的排列次序要有先后，安排妥当。

"气势连贯"，一气呵成，不能有脱节现象，更不能离开主题。

"高度一致"，软文中提出的观点和论据要统一，不能相互矛盾。

"身材匀称"，分段内容不能过长或过短，开头要有吸引力，内容要有说服力，结尾要有震撼力，如此才不会变成"虎头蛇尾""头重脚轻"。

(1) 软文布局常用的八种方法：

❶ **悬念式**。悬念，在古典小说中被称为"扣子"或"关子"，即设置疑团，不做解答，借以激发读者的阅读兴趣。通俗地说，这是在情节发展中把故事情节、人物命运推到关键处后故意岔开，不做交代，或说出一个奇怪的现象而不说原因，使读者产生急切的期盼心理，然后在适当的时机揭开谜底。要达到这种效果，需要撰写软文时有意识的制造悬念。

制造悬念的常用形式包括以下三种：

- 设疑，这个疑问随着文章展开逐层剥开。
- 倒叙，将读者最感兴趣、最想关注的东西先说出来，接下来再叙述前因。
- 隔断，叙述头绪较多的事，当一头已经引起了读者的兴趣，正要继续了解后续发展时，突然中断，改叙另一头，这时读者还会惦记着前一头，就造成了悬念。

❷ **抑扬式**。所谓"抑扬"，是记叙类文章写作中常用的一种技巧，可分为欲扬先抑和欲抑先扬两种情况。欲扬先抑，是先褒扬，但不从褒扬处落笔，而是先从贬抑处落笔；欲抑先扬则正好相反。用这种方式可以使文章情节多变，形成鲜明对比。

❸ **穿插回放式**。穿插回放式记叙类文章，利用思维可以超越空间的特点，以某物象或思想情感为线索，将描写的内容通过插入、回忆、倒放等方式，形成一个整体。具体操作上就是选好串起素材的线索，围绕一个中心截取组织材料。

❹ **片段组合式**。选择几个生动的、典型的片段，把它们有机地组合起来，共同表现一个主题。用这种方式构思的记人叙事的文章，可以在较短小的篇幅内，立体而多角度地表现人物，叙述时间，描写商品特点，烘托品牌。

❺ **并列式**。一般写的是对象的横向的、静态的情况。各部分相互间无紧密联系，独立性强，但共同为说明主旨服务。能够省略某一部分，先后次序不那么固定。这种方式的好处是概括面广、条理性强。把一个问题从不同角度、不同侧面进行阐述。其组材形式基本有两种：围绕中心论点，平行地列出若干分论点；和围绕一个论点，运用几个并列关系的论据。

❻ **正反对比式**。通过正反两种情况的对比分析来论证观点的结构形式。通篇运用对比，道理讲得更透彻、鲜明；局部运用正反对比的论据，可以使材料更有说服力。

❼ **层递式**。在论证时层层深入，步步推进，一环扣一环，每部分都不能少。论述时，由现象到本质，由事实到道理，这是层递；提出"是什么"，再分析"为什么"，最后讲"怎么样"，也是层递；讲道理层层深入，也是层递。运用层递式结构要注意内容之间的前后逻辑关系，顺序不可随意颠倒。这种方式的好处是逻辑严密，能说明问题。

❽ **总分总式**。运用总分总式的文章往往开篇点题，而后在主体部分将中心论点分成几个基本上是横向展开的分论点，一一进行论证，最后在结论部分加以归纳、总结和必要的引申。运用总分总式结构时，要注意，分总之间必须有紧密联系，分述部分要围绕总述的中心进行，总述部分应是分述部分的总纲或水到渠成的结论。

在这些布局方式中，前四种方式多用于记叙形式的软文中，后四种方式多用于议论、说明类软文中。但是文无定式，一篇软文中也有可能几种布局方式综合运用。

（2）软文创新布局的八种形式：

❶ 日记式。用日记的方式去写一篇软文，特别是写与人们的"衣食住行"直接相关的产品或服务时，则更显得贴近生活。

❷ 散点式。围绕一个中心，从数个点上进行发散、铺排，每个点都有一个精美的句段，数个点连成一体就是一篇优美的软文。这种方式大多是散文形式的软文，常见于房地产类软文。这种软文一定要避免堆砌华丽的辞藻。

❸ 书信式。借用书信布局格式，自由组织材料，这种布局对于成文效率有很大的帮助。

❹ 剧本式。剧本式布局软文大多是在网络论坛、微信、博客、QQ群上传播的。

❺ 创编式。创编式软文是借用大家熟悉的神话、寓言、童话等，对它们进行创造改编，注入新的内容，借来讽喻、折射现实生活。网络恶搞软文已经常用这种方式。

❻ 说明书式。药品说明书相信大家都是非常熟悉的，按照这种布局格式写出介绍其他服务或其他类别产品的软文，趣味感十足。

❼ 实验报告式。实验报告文体也有固定格式，用这种方式与用说明书式布局有同样的趣味感。

❽ 自问独白式。自问独白式软文就像是单口相声，全文自己问自己，中间用自白巧妙过渡。这类软文在论坛上传播的效果特别好。

4. 软文的收尾

写软文，如果没有恰当的收尾，就像在高速上开车，开得正兴起，突然没有路了，又没有任何交代，会惹来司机们的骂声。软文收尾需要掌握以下九种套路，会让软文撰写"进退自如"，进可以展开，退可以收尾。

（1）**自然收尾**。在内容表达完结之后，不去设计含义深刻的哲理语句，不去雕琢丰富的象征形体，自然而然地收束全文。记叙性文章中，常常以事情终结作为自然收尾。

（2）**首尾呼应式**。结尾与开头遥相呼应，文章的开头若提出了论题或观点，中间不断展开，进行分析论证，结尾时回到开头的话题上来。这样收尾的软文多应用于议论性文章，能够让结构更完整，使得文章浑然一体，能唤起读者心灵上的美感。

（3）**点题式**。文章行文中没有明确提出观点，在结尾时，要用一句或一段简短的话明确点出文章的观点，起到卒章显志、画龙点睛的作用。这种方式的结尾能够帮助读者悟出全文的深意，提升软文的品格，从而给读者留下深刻的印象。

比如周敦颐的《爱莲说》，用了大部分篇幅描写莲花生长的环境、端庄的姿态，作者的目的是什么呢？读到文章结尾才明白，原来作者是借赞美莲花来歌颂君子的坚贞气节，批评追名逐利的恶浊世风。

（4）**名言警句式**。用名言、警句、诗句收尾，要么让软文意境深远，要么揭示某种人生的真谛。它往往用三言两语表述出含义深刻、耐人寻味的哲理性或警醒性内容，使之深深地印在读者心中，起到"言已尽，意无穷"的效果。文章结尾，如果能够巧妙引用名言警句，就一定能让文章增色。古今中外，名言警句非常多，可以很方便地"百度一下"搜索出来，不是没有恰当的，而是需要你挑选出更恰当的！

（5）**抒情议论式**。用抒情议论的方式收尾，是要用作者心中的真情，激起读者情感的波

澜，从而引起读者的共鸣，有着强烈的艺术感染力。这种结尾方式应用较广，可以用于写人、记事、描述物品的记叙性文体中，也可用于说明文、议论文的写作。

（6）**余味无穷式**。结尾之处留白，让读者自由驰骋，纵横想象，读者可以适当补白、续写，这样的思维阅读会有令人惊奇的收获和非同寻常的深刻体验。韵味悠长的结尾除了妙手偶得之外，绝大部分都是对生活有了独特的感情后，再加以精心提炼形成的结晶。

在记叙文中，作者以独特的认识和理解，写下深刻含蓄的结语，力求意味深长，引人深思。比如李白的"孤帆远影碧空尽，唯见长江天际流"、岑参的"山回路转不见君，雪上空留马行处"。

（7）**请求号召法**。在前文讲清楚道理的基础上，向人们提出某些请求或发出某种号召，如"让我们共同抵制公共场所吸烟的行为吧！"

（8）**结尾展开联想**。由此及彼，由表及里，由小到大，由具体到抽象，使主题得到升华。比如"谁言寸草心，报得三春晖"，天下的母亲们就是这样无私和伟大。

（9）**祝福式**。站在第三者的角度对软文中的人活着事物进行祝福，如"愿国氏之星塑造健康品牌之路一帆风顺！"

5. 软文中植入行动目标

软文的行动目标有三类：一种是为了达到某种特定目的；一种是为了植入广告做铺垫；一种就是广告。前两种基本上不需要考虑植入的问题，主要通过文章的中心思想和论据，直接用文字语言展现既可。最后一种需要技巧，需要巧妙植入。那要怎样植入广告呢？

怎样植入广告？软文植入广告有两种宏观策略：

第一，"不需要太软"，用新闻报道、专访、访谈、评论等形式，直接对要推广的产品或服务进行描述或评论，不需要隐藏，直截了当即可。

第二，设置"温柔陷阱"，巧妙融入文章。目前消费者对软文已经有了相当高的免疫力。此外，即使融入了也会因为"太软"而失去意义。

较为实用的广告植入方式有以下六种：

❶ 将产品的信息以举例的方式展现，可以适当展开几十字。这种方式多用于平面媒体软文。

❷ 借用第三方身份，如某专家的观点、某网站的统计数据、某人的话，一定要真实。引入的文字不要太长，这种方式多用于平面媒体软文。

❸ 以标题关键词形式植入，这种方式多用于网络门户软文。内文中将植入的关键词拟人，如"××认为……"。这种植入方式尽管没有太多地融入产品信息，但因为关键词及内文多次带有产品、商标或公司名称，既能传达一种理念，又能达到被百度检索收录的效果。

❹ 故事揭秘形式。多用于论坛软文，开始就围绕植入的广告编故事，一切都是以这个需要植入的广告为线索展开。这种植入尽管非常容易让读者意识到软文，但只要故事新颖，读者还是愿意一口气看完。

❺ 版权信息的方式。这种方式多用于博客软文、微博软文。这种方式最为简单实用，只要找出潜在客户群体，找出他们感兴趣的话题，原创或伪原创相关话题的文章，内文中不需要刻意琢磨如何植入广告，在文章结尾后加入版权信息即可。

❻ 插图及超链接形式植入。这种方式多用于网络软文，可以结合以上五种方式使用。

同步实训

课程思政:从咪蒙事件谈软文应注意正向的价值观的引领

1. 实训目的

认识软文内容应具有正向价值观,了解《广告法》《互联网新闻信息服务管理规定》《互联网信息服务管理办法》,个人应有操守和底线,树立正确的价值观。

2. 实训内容及步骤

(1)网络搜索《咪蒙事件是怎么回事,咪蒙如何把自己作到"不得转世"的》《咪蒙是什么咪蒙事件全程回顾,扒一扒咪蒙为什么被封杀原因及真相》这两篇文章,并阅读。

(2)网络搜索《广告法》《互联网新闻信息服务管理规定》《互联网信息服务管理办法》,查看和了解相关法律法规。

(3)思考并总结互联网软文在道德及法律层面的注意事项。

任务小结

撰写软文需要掌握标题、开头、布局、结尾的技巧,还可以在软文中植入行动目标。

问题引入 ▶

扎实的调研、周密的策划、巧妙的撰写之后,重头戏就是发布了。发布软文就是将软文有针对性地投放。软文发布之前需要检查什么?软文发布的途径有哪些?如何把握软文发布的最佳时间呢?

解决方法 ▶

软文发布之前需要检查行动目标、标题、连贯性、关键词、配图、结尾、超链接、内文、标点。软文发布途径有平面媒体、网络媒体、搜索引擎、网络论坛、微博、微信等。应根据软文发布的途径来确定软文发布的时间。

任务实施 ▶

1. 软文发布前的检查

软文在发布前,一定要仔细检查以下九项内容:

❶ 行动目标是否植入。

② 软文的标题是否足够吸引人。
③ 软文的内文是否上下连贯，内容是否夸大其词，内容是否有道德及法律风险。
④ 软文中的关键词植入得是否过密。
⑤ 软文的配图是否合适，是否有法律风险。
⑥ 软文是否有结尾。
⑦ 网络软文的超链接是否正确。
⑧ 软文中是否有错别字，特别是涉及的人名、地名、产品名称。
⑨ 平面软文中的标点是否有明显错误（括号、引号、书名号等是否完整）。

【课程思政】——
做有操守和底线、有正确的价值观的时代新人

荡涤网络空间的污泥浊水

2. 软文发布的途径

除了电视、广播的软性植入之外，软文发布的途径还包括以下较为常用的渠道。
① 平面媒体，如报纸、期刊等。
② 网络媒体，主要指全国以及地方门户网站，如新浪、搜狐、网易、中国网等。
③ 搜索引擎，如百度知道、百度空间、百度百科、网易有道等。
④ 网络论坛，如新浪论坛、网易论坛、人民网论坛、天涯社区等。
⑤ 博客，主要指企业自己开设在各大门户网站上的博客。除了自己的博客之外，也可以找名人博客发布，也可以在其他点击量高的博客中以留言的形式发布。
⑥ 微博，特别是影响力大的名博。
⑦ 微信，如果说微博是大社会，微信就是小圈子。可以动员一切可调动的资源在微信圈子里发布，众多的小圈子就是大社会了。
⑧ 分类信息网站，如58同城、赶集网等。
⑨ 资源性平台，如豆瓣网、百度文库等。
⑩ 企业邮件。
⑪ 企业内刊及宣传册等其他形式。

不同的软文营销项目和不同的企业选择的软文发布渠道可能不尽相同，可以结合企业自身的优势资源以及软文特点整合其中的几种形式，不需要将所有的软文在这些渠道全部投放。

3. 软文发布的最佳时间

（1）**平面媒体**。如果软文发布的时间允许，选择平面媒体渠道时建议尽量选择在有重大选题的刊期刊登，因为有重大选题的当期，报纸、期刊的销量和传阅率都会明显增加。

（2）**网络媒体**。网络媒体软文尽量选择在周一至周五的上午10点至11点投放，因为很多网站的编辑会在这一时间段转载文章。

（3）**微博**。新浪微博商务部的调研数据表明微博用户活动有如下规律。
① 微博用户周一、周二反应冷淡：用户往往面临比较大的工作压力，心理处于紧张期，对于企业微博的反馈并不是非常积极。
② 周三、周四互动最集中：用户进入一周的稳定期，对于微博的反馈积极性有明显的提高。但是企业目前对于这两天的利用不足，发微博比例偏低。
③ 周五、周六、周日用户更活跃：用户处于对周末的期待中，相对于评论而言，更乐意

进行简单的转发。

❹ 工作日下班后的时间段（18—23点）营销价值大，企业需关注。周末午饭后（13—14点）和晚饭前后（17—20点）的用户互动更加积极，这两个时间段用户转发和评论都比较积极。

❺ 周末的23点之后仍是用户积极互动的时间：由于周末休息较晚，23点之后企业微博仍然可以获得较多的用户反馈。

因此，微博软文的发布时间尽量选择在用户活跃度高的时间段，以取得好的效果。

（4）**微信**。微信软文发布可以参考微博的时间段。

同步实训

资料阅读：软文营销的四大风险及防范

1. 实训目的

了解软文营销的四大风险及防范方法。

2. 实训内容及步骤

（1）扫描右边二维码阅读《软文营销的四大风险及防范》。

软文营销的四大风险及防范

（2）完成下表的填写。

风险类别	风险内容	防范方法
操作风险		
投入风险		
道德风险		
法律风险		

任务小结

1. 所谓软文营销，是指通过特定的概念诉求，以摆事实、讲道理的方式使消费者走进企业设定的"思维圈"，以强有力的针对性心理攻击迅速实现产品销售的文字模式和口头传播，包括新闻、访谈、采访、口碑评价等。

2. 通过某种形式传播的，以达到某种目标的文字或者文字的组合就是软文。

3. 在平面媒体，非正式出版的基于印刷、打印形式载体，硬性广告中的软文、博客、微博、微信、论坛、网络媒体、电子邮件、淘宝店、销售信等中可以找到软文。

4. 撰写软文需要掌握标题、开头、布局、结尾的技巧，还可以在软文中植入行动目标。

习题

5. 软文发布之前需要检查行动目标、标题、连贯性、关键词、配图、结尾、超链接、内文、标点。软文发布途径有平面媒体、网络媒体、搜索引擎、网络论坛、微博、微信等。应根据软文发布的途径来确定软文发布的时间。

项目 7 微博营销

● 项目概述

利用微博可以传播品牌，提高知名度；利用微博推广商品，获得收益；利用微博发表看法、输出高质量的文章，受益匪浅；利用微博直播，吸引粉丝关注……微博已成为"互联网+"时代机构和企业常用的营销方式之一。本项目将带领大家认识微博、微博营销，学习微博基础操作及微博营销技巧。

● 学习目标

知识目标：
掌握微博营销的基础知识；掌握微博的基本操作；掌握微博营销技巧。
能力目标：
会使用微博；会使用微博开展网络营销活动。

● 思政目标

培养崇尚科学、探索未知的责任感和使命感；提升依法依规自律能力，构建和谐、法治、健康的网络环境。

● 工作任务

任务1　认识微博营销
任务2　使用微博
任务3　微博内容建设和运营
任务4　领会微博营销技巧
任务5　微博营销案例展示

项目 7 微博营销

任务1　认识微博营销

问题引入▶

微博起源于Twitter，微博在中国呈现爆炸式的发展，它的诞生标志着一个新型社交媒体时代的开始。在社会各界人士不断涌入微博的浪潮中，其用户量不断增加。微博辐射的范围已经触及不同人群的方方面面，让微博从一个记录生活的工具，迅速发展成为一个新媒体营销工具。怎样在微博上开展营销呢？微博营销有何特点呢？

解决方法▶

微博微营销是微博催生的新兴营销方式，传播企业、产品的信息，树立良好的企业形象和产品形象，达到营销目的。微博营销由于其信息发布便捷、传播速度快、影响面广、互动性、低成本、企业形象拟人化等特点被企业热捧。

任务实施▶

1．微博营销概述

微博是社会化媒体中用户极其活跃的社交平台之一，它因内容短小、发送信息方便，彻底改变了媒体和信息传播的方式。微博的信息还可以产生病毒式的传播。这些都使微博具备极高的营销价值。

微博的发展历程

微博营销指企业以微博作为营销平台，利用更新自己微博、联合其他微博设计跟网友的互动，或者发布大家感兴趣的话题、让网友主动关注等传播企业的产品信息，从而达到树立良好企业形象的目的。

现在，国内用户基数最多、流量占比最庞大的微博平台是新浪，新浪凭借其强大的用户量，成了微博营销的最佳选择。

2．微博营销特点

1）操作简单

微博的操作非常简单，只要你会打字，能够写出内容，然后到新浪微博平台申请一个账号，即可开始微博营销之旅。而且微博发布也非常便捷，不需要长篇大论，100字左右即可，也不需要任何审核，马上书写，马上发布。

2）互动性强

与传统博客相比，微博的互动性非常强，可以与粉丝即时沟通，及时获得用户的反馈与建议，第一时间针对用户的问题给予回应。

3）低成本

微博的申请是免费的，维护也是免费的，而且维护的难度和门槛非常低，不需要投入很大的资金、人力、物力等，成本非常低廉。

129

3. 微博营销的七种模式

1)明星模式：谁当红谁就有影响力

2007年，博客当道，徐静蕾的新浪博客如图7-1所示。2009年，微博当道，明星模式，不管是当初的博客还是后来的微博，一样具有影响力。今天很多厂商都宁愿付出高额费用，也要请明星代言。而有些明星，演艺本身可能并不被特别关注，反而作为段子手，赢得爱戴。例如，薛之谦，他热爱唱歌事业，却一直不能爆红，结果在微博上发段子、广告赢得了关注。薛之谦的微博如图7-2所示。

图7-1 徐静蕾的新浪博客

图7-2 薛之谦的微博

2) 网红模式："我为自己带盐"

网络流行语"我为自己带盐"是"我为自己代言"的谐音。2015年"双11"当日,"网红"张大奕凭一己之力,销售突破 6 000 万元,卖进淘宝女装 TOP 商家,开业一年店铺四皇冠。这个让人震惊的现象,使微博对电商的促进作用,再也不容忽视,而"网红"经济也进入大众视野。

"网红"大都和商家合作,为商家进行品牌推广。其实这也是一种明星路线,只不过"网红"平台,往往是先从网络上火起来,和传统明星成长轨迹有所不同。

3) 商界领袖模式：折射人格魅力标签

微博时代,潘石屹抢占了制高点,成为与任志强并列的微博名人,其中国房地产"符号"效应被放大到了峰值。潘石屹的太太张欣,于2010年10月在微博上声称,"把2011年的推广预算给砍了,全力转向网络,再见纸媒,再见广告!"

不须讳言,微博的确放大了潘石屹的名气,使企业领袖成为企业名片,这样的广告效应,远远要好过在纸媒上投放广告。

小米的@雷军和奇虎360的@周鸿祎,都把微博用到了极致,他们的一言一行,都备受瞩目,也给企业带来了非常好的曝光率和传播效果,他们的微博分别如图7-3、图7-4所示。

图 7-3 雷军的微博

4) 媒体模式：从传统媒体到新媒体

传统媒体的特征是单向传播,读者只能看不能发言,而新媒体的特征是互动,读者既可以看也可以说,而且有可能会因为读者的互动而扭转事件的方向。微博移动端发布新闻有更大的便利性,可以随时随地获取和发布信息,形式也趋于多样：文字、声音、图片、视频、直播……

很多传统媒体开始把微博也作为自己的主平台运营,效果比平面纸媒更好。央视新闻的现场报道如图7-5所示。

图7-4 周鸿祎的微博

图7-5 央视新闻的现场报道

【课程思政】——
培养崇尚科学、探索未知的责任感和使命感

习近平谈航天梦

5）自媒体模式：个人品牌超越机构品牌

一个成功的微博应该有灵魂、影响力与号召力，在这方面，企业微博不如个人微博更鲜活立体。所以，不少企业微博纷纷以虚拟人格出现，以拉近和粉丝之间的距离。

6）专家模式：付费阅读和打赏收入

在微博上，汇聚了各个领域的专家，这些专业人士在微博兴起后，成名路径、个人品牌的塑造与传播及商业模式等都发生了变化。新浪微博的功能也在不断进化，打赏、付费阅读、广告收入等层出不穷。

项目 7　微博营销

7）微商模式：社会化电子商务

微博橱窗、淘宝直联、寻找商机、客户服务、品牌传播……微博和阿里联手后，社会化电子商务有了更多的可能性。微博由于互动性和传播性好，仍然是很多电商新品、爆品推广的首选平台。微博转发抽奖如图 7-6 所示。

图 7-6　微博转发抽奖

同步实训

微博营销与博客营销、微信营销的区别

1. 实训目的

了解微博营销同其他营销方式的区别。

2. 实训内容及步骤

（1）扫描右边二维码阅读资料。

（2）完成下表的填写。

微博营销与博客营销、微信营销的区别

比较项目	微博	博客	微信
内容表现形式			
信息传播模式			
用户获取信息及用户行为			

任务小结

1. 微博营销指企业以微博作为营销平台，利用更新自己微博、联合其他微博设计跟网友的互动，或者发布大家感兴趣的话题、让网友主动关注等传播企业的产品信息，从而达到树立良好企业形象的目的。
2. 微博营销具有操作简单、互动性强、成本低的特点。

任务2　使用微博

问题引入▶

微博因其发布便捷、传播速度快、影响面广、互动性、低成本等特点被许多企业用作营销平台之一，进行微博营销首先要熟悉微博的基本操作，开展微博营销需要熟练使用微博的哪些功能呢？

解决方法▶

使用微博需要学会微博账号的申请、微博装修、申请微博认证及了解微博自媒体申请等。

任务实施▶

1. 微博账号申请

新浪微博与新浪网用户可共用账户平台。如果已经有新浪账号，如新浪博客、新浪邮箱，可以直接登录微博，无须再开通。

如果你有淘宝、QQ、天翼、联通沃邮箱、360、百度等账号，可以直接和微博绑定，注册成功微博后可以进行同步信息。微博账号申请步骤如下。

1）进入微博注册页面

方法1　百度搜索"新浪微博"，点击进入注册页面，如图7-7所示。

图7-7　百度搜索"新浪微博"页面

方法2　直接输入网址：https://weibo.com/，如图7-8所示。

项目7　微博营销

图 7-8　微博注册页面

2）选择注册类型

注册页面里有两大选项，分别是：个人注册（手机注册、邮箱注册）和官方注册（手机注册、邮箱注册），填写注册信息。

2. 微博装修

1）昵称：个人标识

一个好的昵称容易被粉丝迅速记住，一般来说，好的微博昵称有这样以下四个特征。

（1）**简短有趣，便于记忆**。微博上每天充斥着各种信息，如果想让粉丝快速记住你的昵称，就要尽量保持昵称简短且方便记忆。当然，微博上也有一些微博账号的昵称较长，但也被粉丝记住，是因为这类账号昵称要么有趣，要么是很早就入住微博或在其他平台，已有一大批粉丝。

（2）**品牌一致，长期记忆**。如果你的个人网名或企业品牌已经有一定的知名度，建议在其他任何社交品牌昵称保持一致。如果你是个人用户，真名有特点，也可以用真名。如果微博昵称已经被人注册，可以采取加前缀、后缀标识的方法。定好名字后尽量不要改动，保持品牌传播的一致性。

（3）**拼写简单，便于输入**。一个好的昵称除了方便大家记忆以外，还可以让粉丝想起你来时，方便搜索到你。因此，昵称尽量用大家容易输入的中英文字符组合，少用怪字、偏僻字。

（4）**避免重复，便于搜索**。在微博找人，如果你的昵称别具一格、没有重复，就容易被搜索到。所以确定昵称前，最好在微博"找人"搜一搜，看看和你同名的微博博主实力是否强大再决定昵称。

【课程思政】——
提升依法依规自律能力

学习《微博社区公约》
做一个规范的微博人

2）个性域名：一个快速入口

微博用户可以设置一个自己的个性域名，方便粉丝或亲朋好友快速进入，这样就不需要打开微博再去微博搜索框搜索昵称，更加方便快捷。同时，将个性域名链接发给亲朋好友，他们接受邀请后会成为你的粉丝。

在工作及日常生活中，个性域名经常会被用到，如邮件的签名。同时，给好友发送你的链接时，如果直接复制个人主页的链接，会出现非常长的链接，不方便打开也不美观。

个性域名设置的方法：账号设置—我的信息—个性域名中设置，如图7-9所示。

图7-9　个性域名设置

3）头像：粉丝的第一印象

一般情况下，粉丝关注一个人，除了看他的昵称外，还必定会看头像。所以，一个清晰有特色的头像照片是必需的，要么真实，要么有个性，但设置头像时一定要考虑大、中、小三种显现方式都足够清晰。

微博头像对于一个品牌企业、政府机构和高校来说，是一个非常重要的象征，往往代表的是一个LOGO、标志和校徽。

4）简介：了解你的关键信息

简介是吸引别人了解你个性的关键信息，需要简明扼要，要有个性化色彩。而且，简介需要在几句话里显示出自己的特长、个性等信息。

简介对于一个品牌企业、政府机构和高校来说，同样是一项非常重要的信息，往往是一个人了解该企业、机构和高校的一种重要渠道。例如：@京东简介：京东集团定位于"以供应链为基础的技术与服务企业"，目前业务已涉及零售、科技、物流、健康、保险、产发、海外和工业品等领域。

5）背景图和封面图：一个活展示位

微博的背景图片和头像后的封面图是粉丝进入微博主页的主视觉，二者可以自定义，并且可以作为广告展示位来使用。

微博背景图和封面图对于一个品牌企业、政府机构和高校来说，是充分展示自己的一种方式，往往可以给点击进入主页面的人展示。

6）个性标签：你的特长兴趣

在编辑个人资料时，可以输入标签信息。不要小看这个标签，它既可以展示自己的个人品牌、兴趣特长，也能让大家方便找到你。

7）微博会员：尊贵身份的象征

微博会员是微博尊贵身份的象征。开通微博会员可以享受装扮特权、身份特权、功能特权、手机特权，四大类共28项特权服务，如图7-10所示。

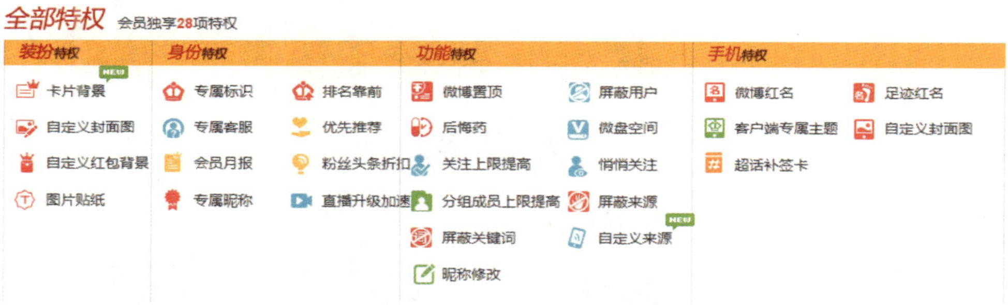

图7-10 微博会员特权

3. 微博认证

微博认证用户分为个人申请认证和机构认证。

微博个人（橙"V"）认证是完全免费的。微博机构（蓝"V"）认证都会收取审核服务费，但政府、媒体、校园、公益类蓝"V"认证享受站方扶植政策，审核服务费用由站方补贴。

1）个人申请认证分类

个人认证分类目前共有六类：身份认证、兴趣认证、超话认证、金V认证、视频认证、文章/问答认证，其中身份认证、兴趣认证、超话认证、视频认证、文章/问答认证可以同时申请。如图7-11所示。

《微博个人认证用户管理条例》

2）个人申请认证入口

电脑端：微博页右上角—设置—"V"认证—进行申请即可。

手机端：我—客服中心—申请加V—加入微博认证。

3）机构认证分类

机构认证分类目前共有六类：企业认证、机构团体、政府认证、媒体认证、校园认证、公益认证，如图7-12所示。

图 7-11 个人申请认证分类

图 7-12 机构认证分类

4）机构申请认证入口

电脑端：微博页右上角—设置—V 认证—官方认证—进行申请即可。

手机端：我—客服中心—申请加 V—查看全部认证方式—加入官方认证

4. 微博自媒体申请

2014 年 6 月 12 日，新浪微博自媒体计划正式启动。微博自媒体是站方管理和激励自媒体作者的机制，帮助更多有品牌、有影响力的作者成长。微博自媒体和微博签约自媒体共同构成

自媒体成长体系,微博签约自媒体是微博自媒体的升级。相较于微博签约自媒体,微博自媒体的准入门槛降低了很多,目的是帮助持续贡献优质内容的中小博主在微博更好的成长。

微博签约自媒体是微博自媒体的升级,每一个建立起自己品牌和影响力的微博自媒体,都有机会申请加入微博签约自媒体。对于微博签约自媒体,微博官方将给予更多的政策倾斜和福利补贴,福利补贴主要集中在以下两个方面:

- **微博官方将帮您赚钱**:通过广告分成和商业合作分成的方式,优质的微博签约自媒体作者也可以通过微博赚钱。
- **微博官方将帮您增加影响力**:对于微博签约自媒体作者,微博官方将给予更多粉丝推荐的机会;对于签约自媒体作者发布的含"#原创微博#话题词"的优质长文内容或原创视频微博,微博官方将免费给予粉丝头条的推荐。

1)微博自媒体申请

前往微博签约自媒体申请页面(http://me.weibo.com),只要满足粉丝数 1 万以上就可申请。微博官方人员会在 15 个工作日内(不含周六日)审核完毕。

2)微博自媒体变现途径

- 广告分成;
- 商品售卖;
- 话题合作;
- 打赏;
- 付费阅读;
- 付费软文;
- 有偿转发。

广告收入首先取决于所在行业的广告商投放总额,其次是作者自己的影响力和传播力,再次是作者自己愿意接受的广告形式。因此有可能出现高阅读数用户比低阅读数用户收入较低的情况。另外,因为广告商投放总额不同,即使是同样的阅读数,同一个作者不同月份的收入也可能会不同。

商品售卖、打赏、付费阅读等收入取决于粉丝活跃度和忠诚度,而这又取决于自媒体作者的个人魅力和内容质量。

同步实训

各类型个人认证的申请条件及认证特权

1. 实训目的

能分析个人认证的申请条件及享有的认证特权。

2. 实训内容及步骤

(1)进入微博认证页面 https://verified.weibo.com/verify?topnav=1&wvr=6。
(2)查看个人认证申请条件及认证特权完成下表的填写。

个人认证类型	申请条件	认证特权
身份认证		
兴趣认证		
超话认证		
视频认证		
文章/问答认证		
金V认证		

任务小结

1. 微博装修包含昵称、个性域名、头像、简介、背景图和封面图，个性标签等的设置及微博会员的申请与认证。

2. 微博认证用户分为个人申请认证和机构认证。

3. 微博自媒体是站方管理和激励自媒体作者的机制，帮助更多有品牌、有影响力的作者成长。微博自媒体和微博签约自媒体共同构成自媒体成长体系，微博签约自媒体是微博自媒体的升级。

任务3　微博内容建设和运营

问题引入

微博营销的核心是围绕内容开展的，通过内容来吸引用户，与用户互动，留住用户。微博内容建设有哪些要点呢？

解决方法

相对于博客、微信公众号来说，微博内容的建设要容易些。当然，要做好，需要在微博定位、内容定位、策划差异化内容及内容运营计划四个方面下功夫。

任务实施

1. 微博定位

微博定位是为了在用户心目中树立一个形象，微博的内容和风格也应该围绕这个定位和形象来策划展开。在定位上，拟人化的定位最理想，因为用户不喜欢冷冰冰的机器。

基于此，在定位时，我们应该先拟人化地给微博勾画一个形象，这个形象最好有自己的个性特点，比如像下面这样：

项目 7　微博营销

年龄：26 岁，年轻、专业
职业：白领，敏锐、新潮
性别：女性，个性、时尚（这是一种带有浓烈乡土气息的时尚范儿）
性格："女汉子"一枚、有点"二"，但很幽默
爱好：购物、看电影、看帅哥

2. 内容定位

微博的个性定位有了后，接下来针对这个拟人化的"人物"特点，我们来思考这样的"人"，会用什么样的口气和风格？发布什么样的内容？评论别人的内容或时事新闻时，又会发表什么样的观点？

以下是一些比较受欢迎，且容易引发互动和转发的微博内容类型。

- **有心的**：比如各类创意产品；
- **有趣的**：冷笑话、段子等；
- **有料的**：明星八卦、揭秘爆料等；
- **有关的**：关系到自己或身边人的各种人与事；
- **有爱的**：能够激发起网友关爱情感的；
- **有气的**：让人看了就想评论、"吐槽"甚至"拍砖"的。

上面说的，只是前期没有粉丝时进行的内容规划。当有了一定数量的粉丝后，便可以根据自己账号粉丝的特征和需求不断地优化内容。

微博自身有许多这方面的分析工具，也有一些第三方工具，可以利用这些工具对粉丝进行分析，如图 7-13 所示是西瓜微数工具。

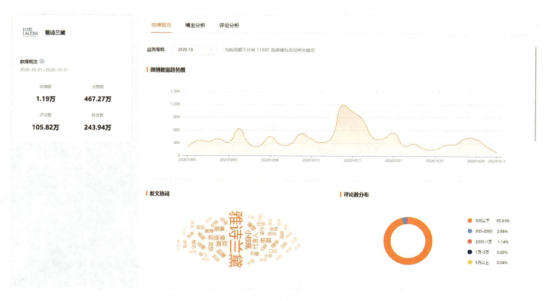

图 7-13　微博粉丝分析工具

3. 策划差异化的内容

除了常规内容外，在微博中最好还有一些差异化的特色内容，这样的内容是容易树立品牌、扩大影响力，以及吸引和留住粉丝的。在内容建设方面，建议做到"人无我有、人有我全、人全我精、人精我专，人专我独"。

4. 内容运营计划

内容有了后，接下来就是日常运营了。微博的运营，不是简单地把内容组织好发出去即可，应围绕用户的喜好，策划相关的微栏目，组织对用户有吸引力的内容，每天有规律地进行更新。

某企业的官方微博这样做的：

> 从上午8：30到晚上23：00，设定每日固定更新12栏栏目，早、中、晚三个高峰时间段，更新更加频繁，内容新颖，符合关注者的心理。具体内容发布计划如下：
> 08：30—#早安#乐观积极向上的语录、内容、图片温馨
> 10：00—#带我去旅行#
> 11：00—#美食指南#
> 12：00—#招亲榜#加强与微博网友间的互动
> 14：00—#幸福指南#指南类文字。给未婚、已婚人士一些情感婚姻的建议
> 15：00—#成功故事#转发产品部成功案例微博，用感性文字带动
> 15：30—#笑一下嘛#搞笑内容、图文、经典简易测试
> 16：30—#幸福家居#时尚家居
> 20：30—#健康指南#饮食、养身、健康类的博文
> 21：00—#光影时刻#
> 22：30—#静夜思#
> 23：00—#晚安#

5. 微博运营计划

某公司的微博运营计划，如表7-1所示，可供参考。

表7-1 某公司微博运营计划表

项目			工作方法
内容	频率	周一至周五	每天发布微博不少于七条
		周六、周日	每天发布微博不少于六条
	时间	周一至周五	(1) 8：00—8：30，发布当日第一条"早安微博" (2) 10：00—10：30、11：30—12：30、14：30—15：30、16：30—18：00、20：30—21：00，各发布一条微博 (3) 23：00左右，发布当日最后一条"晚安微博"

续表

项目			工作方法
内容	时间	周六、周日	（1）9：00—9：30，发布当日第一条"早安微博" （2）11：00—12：00、14：00—16：00、18：00—19：00、21：00—22：00，各发布一条微博 （3）23：00左右，发布当日最后一条"晚安微博"
	具体运营内容	早、晚微博问候	每天在8点半与23点左右向微博粉丝们说早安与晚安
		原创微博	关于旅游、摄影、娱乐、实用等话题，发布时，尽量以"文字＋图片""文字＋视频或音频""文字＋图片＋视频或音频"的形式
		热门转发	热门的新鲜事、情感小哲理、娱乐、搞笑等内容转发
		公司信息公告	新店开张、网站改版、公司的新促销活动等信息的发布
活动	专题类	发布频率及时间	每月1场，发布时间参考9：00—10：00、16：00—18：00、22：00—23：00，也可视活动实际情况而定
		发布形式	利用企业微博页面上的活动栏做活动，活动项将收录至微博活动这一应用中，因此更适合正式一些的活动。可配合节假日或网络热门话题发起活动
	有奖互动类	发布频率及时间	每月2～3场，此类活动发布应避开专题活动进行的时间，避免影响专题活动效果
		发布形式	可利用微博的活动栏，也可直接发布微博，利用粉丝的相互转发达到推广的目的
	其他非正式类活动	发布频率及时间	每周1次，此类活动发布避开专题活动与有奖活动进行的时间，避免影响以上活动的效果
		发布形式	通过推荐有礼、提问有礼等形式，增加微博粉丝的互动
推广	微博外联	与异业企业微博合作	通过联合做活动、相互转发内容等形式，达到推广的目的
		与粉丝数高的博主合作	通过付费或不付费合作的形式，请这些粉丝数高的博主转发、推荐微博
		付费推广	通过微推推等平台发布任务的形式推广；以其他付费形式推广

续表

项目		工作方法
推广	内部推广	
	各城区微博之间的互动	通过各城区微博之间相互转发等形式，提高微博的互动性
	员工对微博关注并互动	公司员工对官方微博进行关注，并转发一些活动与有意思的话题
	官网首页支持	与官网相互推广与支持
	线下推广	
	各门店部分海报、单页的支持	对于一些长期、重要的活动可以在门店（客房）放置一些宣传资料
	各门店大堂视频的支持	可通过技术手段实现微博的直播
	各门店前台的推荐	对于一些重要的活动，前台可介绍活动的相关信息

同步实训

资料阅读：写好原创微博的32计

1. 实训目的

了解微博内容写作技巧。

2. 实训内容及步骤

（1）扫描右边二维码，阅读《写好原创微博的32计》。

（2）使用关键字搜出一些有趣的微博，阅读微博内容，思考使用了哪些技巧。

写好原创微博的32计

任务小结

微博内容建设和运营主要包含微博定位、内容定位、策划差异化内容及内容运营计划四个方面。

项目7 微博营销

任务4 领会微博营销技巧

问题引入

微博营销有成本低、传播快等传统营销方式不具备的优势。掌握微博营销技巧能使企业营销工作事倍功半,微博营销有哪些技巧呢?

解决方法

微博营销技巧涉及基本设置、推广内容、标签设置、建立微博营销矩阵、提高粉丝量、互动营销、硬广告营销、公关服务等方面。

任务实施

1. 基本设置技巧

微博营销要提高转化率,就必须具有诚信,上传真实的头像,资料设置要完善。

(1)昵称。昵称不能超过七个字,最好压缩到四个字;让用户知道你是做什么,能从你这买什么,知道你们公司到底有什么。微博的昵称一定要突出所在行业的关键词,同时兼顾目标群体的搜索习惯,尽量增加关键词密度,以便获取更多被检索的机会。昵称可设置为"姓名+行业+产品"。

(2)头像。头像要看着真实,最好能让用户看到后马上知道你是做什么的。品牌微博可以用品牌标识做头像,如图7-14所示。店面微博可以用店面或商品照片做头像。

图7-14 品牌微博头像

(3)简介。简介的内容需要考虑搜索概率。词语直接要用空格隔开,不要用任何标点符号,简介后面加你的电话号码或者微信、QQ号,最好不要写网址,因为对手机用户来说,简介中的网址是无法直达的。

(4)个人微博要完善基本资料。个人微博基本信息中的个人标签、个人介绍、头像、工作信息、职业信息要完善,这样用户才能根据里面的关键词搜索到你,而且还让人感觉真,增加用户的信任感。另外,最好绑定手机,这样能充分利用微博的高级功能,否则有些功能无法使用。

(5)微博广告牌。微博广告牌类似于QQ空间的背景设计,利用这个位置来宣传的前提是开通会员,这样可以设置自定义背景,然后把二维码、电话号码、网站地址、QQ号码等写在广告牌中,让别人打开你的微博第一眼就能看到。

2. 推广内容技巧

微博推广只是做好前期工作是不够的，更重要的是后期内容更新以及推广技巧。平均每天发二十几条微博就行了，但是内容一定要吸引人。下面是一些内容推广技巧：

（1）坚持原创内容建设，制定适合的转发热门内容的比例。

（2）适当利用"时光机"，可以减少工作量、增加发布频率和微博活跃度。

（3）图文并茂的内容更受人欢迎：在图片上打上水印，有利于微博的推广。

（4）重视突发事件的直播报道和现场直播，更容易受到网友关注。

（5）内容要贴近生活和现实、新闻热点、事件；热门排行里的内容更受用户关注，可以适当转发和参与。

3. 标签设置技巧

微博个人标签能让用户搜索时快速找到你，还能增加在搜索结果中排名靠前的概率。

个人标签可以设置为 10 个词。总之，微博标签词的匹配度越高，被用户搜索并曝光的概率就越高。

设置微博个人标签的五个规则。

（1）**定期调整标签词汇**：企业需要提前准备十几组标签词汇，定期查看用户的搜索习惯，根据搜索最多的词汇来调整自己的标签。

（2）**注意概率问题**：微博作为一个媒体平台，不可能所有搜索到你的人都去关注你，有百分之一的人关注你就已经很不错了。

（3）**根据节假日更换标签词**：标签词最好一个月换一次，如遇到节假日，就更换与之相关的标签词，如"情人节"，就把"情人节"写进标签里，当人们搜索关于情人节的词汇时，就容易搜索到你的微博了。

（4）**为标签合理排序**：选好标签词后，要合理排序，进行优化，前面的六组词都用 4 个字的词语，从第七个词开始，按照 4 个字、3 个字、2 个字、1 个字的顺序，如"美容瘦身""美容瘦""美容""美"。

（5）**重视 4 字词语的作用**：在产品较多时，标签尽量用 4 个字的词语，如卖衣服就可以用"服装女装""服装裤子""服装男裤"等，这样的好处是可以写更多的词，在用户搜索时会自动匹配到你的关键词。

4. 建立微博营销矩阵技巧

不管是什么类型的微博营销，如果要想打造营销热度，引爆流量与销量，打造微博营销矩阵是必不可少的。微博矩阵是指根据产品、功能、品牌等不同的定位需求建立的子微博，其目的是通过不同的微博账号定位精准有效地全方面覆盖各个用户群体，以实现微博营销效果的最大化。

微博的功能非常强大，不仅可以进行即时营销，还能进行品牌宣传、粉丝管理、公关传播等，不同的微博定位所营销的内容不同，针对的目标用户群体就不同。如果使用同一个微博账号发送多个定位的内容，不免会使粉丝觉得微博不够专业，内容不够贴切，难以满足不同需求的用户。此时，建立微博矩阵就是一个比较有效的方法，特别是对于企业微博来说，通常都不会只有一个新浪微博账户，而是根据不同的需求，建立一个完整的微博营销矩阵进行联动运营。比如小米,小米的微博营销体系包括公司 CEO、高层管理人员、职能部门员工、公司品牌、产品品牌等在内的多个微博,同时对公司品牌和个人品牌进行营销打造,每个微博交叉关注,形成一个多维度的矩阵结构,从而实现了推广范围和营销效果的最大化,图 7-15 所示为小米个人品牌和公司品牌的相关微博账户,即小米微博的营销矩阵。

图 7-15　小米微博的营销矩阵

除了小米之外,还有很多类似的企业微博营销矩阵,不同的行业在设计微博营销矩阵时会有不同的思路,小米将个人品牌和企业品牌联合到一起,海尔则主要是产品品牌之间的联合,因此运营人员应该根据实际情况和需求进行设计。常用的建立微博矩阵的方法有四种,分别是按品牌需求进行建设、按地域进行建设、按功能定位进行建设、按业务需求进行建设。

(1) **按品牌需求进行建设**:大多数企业都有很多产品线,这些产品线所塑造的品牌不同,因此可以直接根据品牌建立微博矩阵,将品牌通过不同的微博账号链接起来,通过矩阵账号进行不同用户流量的相互引导,以避免用户流失。如可口可乐的品牌微博营销矩阵就有雪碧、芬达 Fanta、美汁源饮料,如图 7-16 所示。

(2) **按地域进行建设**:对于银行、网站、团购等地域因素比较明显的微博,可以根据地域建立微博矩阵,便于区域化管理。如建设银行就根据地域建设了建设银行北京市分行、建设银行深圳市分行等微博子账号,如图 7-17 所示。

图 7-16　按品牌需求进行建设　　　　图 7-17　按地域进行建设

(3) **按功能定位进行建设**:根据微博账号功能的不同,可以建设不同的微博子账号形成微博矩阵,如淘宝官方微博根据功能建立了万能的淘宝、淘宝二楼官微、淘宝全球购、淘宝造物神榜、淘宝太好逛了吧等不同功能需求的子账号,如图7-18所示。

(4) **按业务需求进行建设**:对于公司业务较多的企业微博来说,可以直接根据业务需求建立微博矩阵。以苏宁易购为例,苏宁易购还分别为其主要产品建立了微博子账号,打造了覆盖面更加广泛的微博矩阵,如图7-19所示。

图7-18　按功能定位进行建设　　　图7-19　按业务需求进行建设

有些微博矩阵也根据企业团队组成人员、领导职务等建立子账号,如三只松鼠就充分结合了其品牌定位,将其创始团队成员以拟人化名称的方式创建微博矩阵,其中"松鼠小美""松鼠小贱""松鼠小酷"是三只松鼠的形象代表,如图7-20所示。

这些子账号和微博主账号共同组成了企业的微博矩阵,当需要进行营销时,可通过有影响力的主账号或某个子账号的互动与造势打造热度。

5. 提高粉丝量的技巧

微博营销实际上就是粉丝营销,只有拥有粉丝,所发布的微博信息才能被更多人看到,才能引导更多人进行互动,扩大影响范围,才会取得实际的营销效果。

图7-20　以团队成员组成微博矩阵

粉丝的获取是一个长期的过程,特别是积累有质量的粉丝,通常需要微博主进行持续长久的运营。个人微博与企业微博在粉丝的获取上也有所不同,下面分别进行介绍。

1) **个人微博粉丝的获取**

个人微博粉丝的获取很大程度上依赖于网络上的社交关系,主要有以下五种方法:

(1) **与同类人群互粉**。微博上有很多关注同一个领域、有共同或相似爱好的群体,这些群体中的人有共同话题,他们交流方便,很容易形成互粉,也就是互相关注。因此在创建微博前期,可以试着加入这类圈子,与他们进行互动,吸引关注,再慢慢扩大微博的影响力,形成粉丝的自然增长。

(2) **外部引流**。外部引流是指将其他平台上已有的粉丝导入微博中,博客、豆瓣、视频、直播、问答、微信、QQ、媒体网站等平台均可,甚至可以在出版物上注明个人微博,引导读者的关注。外部引流是非常直接且快速积累粉丝的方法,且该方法积累的粉丝质量普遍比较高,所以对于网络营销人员而言,一定要学会并利用好各种平台资源,形成一个完整的传播矩阵,互相促进和提升。

(3) **活动增粉**。通过活动增粉是一种非常常见的方式，特别是一些新鲜、有趣、有奖励的活动，更容易吸引用户的关注和广泛传播，微博主可以通过关注转发抽奖、关注参与话题讨论等形式，引导粉丝转发微博，吸引非粉丝用户的关注，图 7-21 所示为微博上常见的关注+转发抽奖活动。

图 7-21 关注+转发抽奖活动

(4) **与其他微博合作增粉**。微博活动通常粉丝数量越多，影响力才会越大，当单个微博的影响力有限时，可以与其他微博进行合作，联合双方或多方的影响力，扩大宣传范围。一般来说，应该尽可能选择有影响力的微博，或邀请网络大 V 进行互动，这种方式可以为活动双方带来利益，图 7-22 所示就是通过合作的形式来开展活动。

图 7-22 与其他微博合作开展活动

(5) **依靠微博内容增粉**。依靠微博内容增粉是指通过发布有价值的"干货"吸引粉丝，靠内容增粉实际上就是一种内容营销，这种方式对微博运营者的创作能力、表达能力和专业知识要求较高。此外,也可以借助热点事件进行增粉,当微博或新闻上出现了引起用户广泛关注和讨论的热门事件时,可以利用热门事件的热度为自己的微博增粉。这种方式要求有创意、有趣、能从其他借势微博中脱颖而出,才能吸引用户的关注。

2)企业微博的粉丝获取

企业官方微博不具备个人微博的网络社交优势,在创建之初主要利用内部人员、已有用户等资源形成第一批粉丝,再通过累积起来的影响力吸引新粉丝。

(1)**内部推荐**:企业微博在创建之初可以先利用内部员工积累最初的粉丝,比如要求员工关注微博,并发展员工的个人关系网进行关注,可以制定一定的奖励措施激励员工对官方微博进行推广。

如何防止微博掉粉

(2)**合作关注**:与企业的合作伙伴进行沟通,双方发动各自的资源互相宣传关注。

(3)**邀请已有用户关注**:企业在官方网站或其他电子商务平台网站进行用户服务时,可以邀请购买产品的用户关注微博,以便更好地为用户提供服务和优惠。

(4)**对外宣传**:在公司网站、员工名片、各种印刷宣传品、媒体广告、行业展会,甚至在产品包装上添加官方微博的相关信息,邀请用户关注。

(5)**开展活动**:设计一个微博活动,提供诱人的物质或现金奖励,吸引微博用户的转发关注。

6. 互动营销技巧

在微博上进行互动营销,最主要的一点就是要主动与别人互动。当别人点评你的微博后,可以和他们对话;还可以创办一些热闹的活动,让别人参与,这样才会有客户和潜在客户愿意与你交流,才会分享你的内容。

抽奖活动或者促销活动都能吸引用户的眼球,达到比较不错的营销效果。企业的抽奖活动可以规定,只要用户按照一定的格式对营销信息进行转发和评论,就有机会中奖。如果是促销活动,就要有足够大的折扣和优惠,才能引发粉丝的病毒式传播。

促销信息的文字要有一定的诱惑性,并配合精美的宣传图片。此外,企业与商家如果能够请到拥有大量粉丝的人气博主帮自己转发微博消息,就能最大限度地发挥活动的效果。

高效互动增加粉丝黏性

总之,获得用户信任最重要的方法就是不断保持与粉丝之间的互动,让粉丝感受到企业的真诚与热情。企业要经常转发、评论粉丝的信息,在粉丝遇到问题时,还要及时帮助其解决问题。只有凡事都站在粉丝的角度来考虑问题,才能与粉丝结成比较紧密的关系。

7. 硬广告营销技巧

硬广告是生活中最常见的一种营销方式。人们在报纸、杂志、电视广播、网络四大媒体上看到和听到的那些宣传产品的纯广告就是硬广告。

微博硬广告具有传播速度快、涉及对象广泛、经常反复可以增加公众印象、有声有色、具有动态性等特点。

企业在优化微博关键词时,要尽可能以关键字或者关键词组开头,尽量利用热门的关键词和容易被搜索引擎搜索到的词条,增加搜索引擎的抓取速率。

企业广告的措辞不要太直接,要尽可能把广告信息巧妙地嵌入有价值的内容当中。

如果企业的微博广告能够为用户提供有价值的东西，而且具有一定的隐蔽性，就会提高转发率，使营销效果变得更好。一些生活小技巧、旅游奖励、免费资源以及趣味故事都可成为植入广告的内容。

发布微博硬广告，最常见也是最直接有效的方式是图文结合。图文结合既能让用户了解企业营销活动的具体信息，又能让用户被图片上的内容吸引，从而进一步参与企业的营销活动。

8. 公关服务技巧

移动互联网特有的病毒式传播，使得用户快速传播某些产品或企业服务的负面言论与评价，这很有可能导致企业遭遇公关危机。不过，微博作为一个信息共享社区，传播效率极高，当企业遭遇公关危机时，通过微博快速处理危机情况，能够将危机的影响降到最小。

微博营销与公关已成为许多企业的网络营销标配工具之一。企业可以通过自己的官方微博向外界传播企业活动、产品销售的信息，以构建负责、严谨、有规划的企业形象。

微博公关作为一种新的方式，打破权威，为公众与企业提供了可以交流的公众平台，企业充分利用微博这一平台进行公关，参与和回复关注者的评论，实现沟通和影响舆论的目的。

9. 话题营销技巧

微博用户打开微博后，通常首先会迅速浏览信息流里有什么好玩的内容，其后便是查找热门微博或者看热门话题。企业在更新自己的微博前，先搜索别人感兴趣的热门话题，然后将它策划为自己的营销内容，这样可以增加被用户搜索到的概率，从而达到营销的目的。企业一般在发广播时，在热门关键词前后加"#"号，如："#一起看奥运#"。

当然，适当转发他人的热门话题，也会给你带来人流量，博主会认为你很关注他，他就会收听你，也会经常看看你更新的微博。但是不要过分地传播，这样别人反而会觉得厌恶，所以保持适度的微博留言量就行。

总之，"话题"是微博话题营销的核心和灵魂。企业只有选择准确的话题，并结合品牌和产品的实际情况进行把握、提炼和升华，才能取得话题营销的成功。

同步实训

学习《微博商业行为规范办法》

【课程思政】——规范职业行为构建和谐、法治、健康的网络环境

1. 实训目的

学习文件，规范微博营销行为。

2. 实训内容及步骤

（1）扫描二维码学习《微博商业行为规范办法》。

（2）完成下表的填写。

《微博商业行为规范办法》

商业行为内容	违规行为表现	违规行为处理
营销信息		
粉丝运营		
有奖活动		
商业广告		
电商运营		

任务小结

微博营销技巧涉及基本设置、推广内容、标签设置、建立微博营销矩阵、提高粉丝量、品牌营销、互动营销、硬广告营销、公关服务等方面。

任务5　微博营销案例展示

问题引入 ▶

企业在了解微博营销的理论知识后，只有试着展开实际的操作，才能融入微博营销中。刚开始会遇到很多挫折，微博营销没那么顺利地进行，企业可以多看看其他企业微博营销的成功案例，从中学习、借鉴。有哪些成功的微博营销案例呢？

解决方法 ▶

以滴滴出行、可口可乐微博营销为例，了解微博营销过程。

任务实施 ▶

1. 滴滴出行"今天坐好一点"

1) 微博账号分析

简介：北京小桔科技有限公司——不是只有一种出行可以改变世界。从简介表述中可以看出两点，一是滴滴出行的品牌定位是改变人们的出行方式，从而改变世界；二是@滴滴出行微博的主要目的是品牌传播。

微博矩阵：以@滴滴出行为中心建立@滴滴专车、@滴滴快车、@滴滴代驾、@滴滴顺风车、@滴滴出租车等微博矩阵，形成多圈层全方位的精准传播，如图7-23所示。

内容特色：以@滴滴出行为例，该账号的内容主要可以

图7-23　以@滴滴出行为中心建立的微博矩阵

项目 7　微博营销

分为五大类：
- 滴滴出行上线新功能宣传内容；
- 与其他企业、明星、组织等合作上线的新活动；
- 发生在身边的司机师傅故事；
- 微博矩阵其他账号的新动态；
- 节假日推出的礼券优惠活动。

2）"今天坐好一点"案例背景

2014 年 8 月，滴滴出行正式推出"滴滴专车"的业务板块；2014 年 12 月，滴滴出行正式启动了滴滴专车品牌微博等多平台整合营销，旨在全面提升"滴滴专车"品牌的认知度和好感度。

> 高速发展中的中国，有这样一群为了梦想努力打拼的都市人：他们为了明天而不停奔跑，永远离明天一步之遥，却不懂得看看当下的自己，关爱自己，关注一下身后默默支持的家人，这些人被称为"赶跑族"。
>
> 而滴滴专车制造了一个宁静舒适的"在路上"空间，为这些全力以赴打拼的人们提供一种生活补偿与慰藉。
>
> 滴滴出行以"全力以赴的你，今天坐好一点"触动都市目标人群的情感软肋，挖掘"今天坐好一点"身后的社会大背景，制造具有社会影响力的整合式传播。

3）项目执行

预热铺垫。通过公关层面炒作铺垫造势以外，再通过@滴滴出行官方发布"滴滴体"内容，引发全民分享，制造大悬念。

个性化定制大曝光。号召各大明星、微博知名"大 V"、企业响应，定制"滴滴体"海报并投票，配合红包奖励，引发网友广泛热议参与，并扩散传播。

借势病毒传播及广告曝光。借势《一步之遥》热度，以姜文、葛优配音的专车系列病毒视频传播。同时，配合滴滴出行官微发布两个 60 秒的广告视频《感谢自己篇》和《感谢最爱篇》，从个人和关系两个维度展开针对性沟通。

4）活动传播效果

微博传播数据效果。2014 年 12 月 18 日上午 10∶00 发布，13∶30 冲到榜单第六名，超过#一步之遥#，24 小时榜单排名第三微博话题，总阅读数：4.9 亿，总讨论数：8.5 万。

"滴滴体"海报参与效果。26 位明星响应"滴滴体"发声。52 家企业响应"滴滴体"发声（京东、华为等）。网民参与海报 DIY 互动，生成"滴滴体"海报数 22 万，活动页当天访问量峰值：20 000 次/秒。

视频传播数据效果。腾讯视频平台，专车品牌广告视频点播：两支广告视频总计网络点播量达到接近 3 000 万次；《感谢自己篇》：1 581.8 万次；《感谢最爱篇》：1 246.8 万次。

5）营销启发

人文关怀：抓住具有穿透力的社会情绪洞察，通过微博做出话题和影响力，以激发更广泛的社会情感共鸣。

互动为王：以微博、微信等平台为传播主体，以优质的内容激发用户转发分享，甚至创造

153

更多原创内容刷屏。

合作共赢：携手明星企业共创"滴滴体"，互相借力合作，大事件大话题。

2. 江小白"生活很简单"

江小白于2011年在重庆成立，主打高粱酒产品。这是一家"致力于传统高粱酒的老味新生，进行面对新生代人群的白酒利口化和时尚化实践"的综合酒业集团。江小白这个品牌就是为微博而打造的，无论是产品本身、传播物料，一切跟品牌相关的东西都打上了微博的印记。

"拥有梦想的人，他们不做选择题，只做证明题"，"时间、距离从来都只是借口，真正兄弟间的约酒无关乎应酬"。在微博上，江小白一直通过走心的文案抚慰用户的情绪，在不断强化其产品消费场景的同时，试着将品牌和用户情感链接起来。

1) 江小白微博营销招数一：使用话题

借势热点话题进行品牌推广是@江小白惯用的套路之一。图7-24所示这两条微博，分别借助股市大跌和国足参加十二强赛话题进行了品牌推广。

图7-24 江小白借势热点话题进行微博营销

除了借势热点话题，@江小白还会使用纪念日和节日作为话题进行品牌植入。比如在2016年的"世界地球日"，@江小白顺势推广了其简单生活的理念，如图7-25所示。

图7-25 江小白在纪念日进行品牌植入

创造话题是@江小白主要的微博营销手段之一，@江小白在微博上主持了#简单生活#、#YOLO#、#约酒不孤单#、#下班约酒#、#岁月友情#等话题，这些话题也都取得了可观的阅读量，图7-26为江小白主持的#简单生活#话题数据。

项目7　微博营销

图7-26　江小白#简单生活#话题数据

2）江小白微博营销招数二：视频、漫画花样多

除了图片形式，@江小白也在微博上通过视频、漫画等方式进行品牌推广。2015年父亲节，@江小白发布视频向父亲节致敬，这也是@江小白的第一条视频微博，如图7-27所示。该视频通过一对父子端午节团圆饭的故事，强化了其产品消费场景和品牌情感链接功能。这条微博也获得了328次转发。

图7-27　江小白的第一条视频微博

在今年国产版《深夜食堂》播出期间,在该剧中进行了品牌植入的@江小白也在微博上发布了"深夜酒馆"视频进行了品牌宣传,如图7-28所示。

图7-28 江小白的"深夜酒馆"视频

除了视频形式,江小白公司旗下另一营销账号@我是江小白还曾发布过连载漫画形式的微博进行品牌营销,如图7-29所示。该系列微博共发布了15话,但从第13话开始便再无转发次数,江小白此后也未进行过类似尝试。

图7-29 @我是江小白发布连载漫画

3) 江小白微博营销招数三:用心与爱

2015年@江小白都通过微博表达了对父母的爱,这些微博也收获不少网友的点赞和转发,如图7-30所示。

4) 江小白微博营销招数四:互动抽奖

作为微博品牌推广最有效的手段之一,互动抽奖也多次被@江小白使用。2017年7月5日,@江小白连续发布五条转发送礼的活动微博,该系列微博单条平均转发次数为5 000次,如图7-31所示。

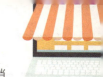

项目7　微博营销

图7-30　江小白用心表达对父母的爱

图7-31　江小白活动微博

经@微分析对其中一条转发量最大的微博分析显示，广东、安徽的网友为该微博主要转发人群，如图7-32所示。

"美女""明星""旅游""音乐""80后"为转发人群主要的兴趣标签，如图7-33所示。

从上述分析可以看到，江小白的关注人群以80后、90后网友为主，主要集中在广东、北京、重庆及四川地区。凭借用心的策划和走心的内容，@江小白的微博营销收获了成功。

转发者地域分析		评论者地域分析	
地域TOP5		地域TOP5	
广东	21.78%	广东	23.46%
安徽	13.64%	安徽	18.91%
北京	6.16%	浙江	5.24%
江苏	5.33%	重庆	4.78%
浙江	4.49%	山东	4.33%

该条微博转评用户在地域分布上较为集中,转发者主要分布于广东、安徽、北京,评论者主要分布于广东、安徽、浙江。

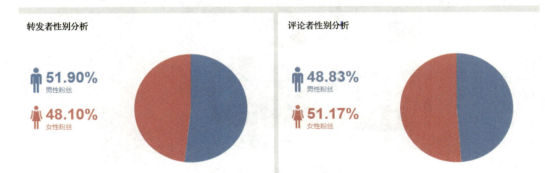

转发者性别分析　　　　　　　评论者性别分析

51.90% 男性粉丝　　　　　**48.83%** 男性粉丝
48.10% 女性粉丝　　　　　**51.17%** 女性粉丝

图7-32　@微分析对江小白微博分析

转发者兴趣标签　　　　　　　评论者兴趣标签

图7-33　@微分析对江小白微博兴趣标签分析

习题

项目 8 二维码营销

● 项目概述

随着互联网的发展,相继出现了很多新的营销模式,二维码营销像一匹黑马杀入网络营销世界,为用户带来便利,为企业盈利。本项目将带领大家认识二维码营销、学习二维码营销技巧、了解二维码营销渠道。

● 学习目标

知识目标:
了解二维码营销基础知识;了解二维码营销技巧;掌握二维码营销渠道。
能力目标:
会使用二维码开展网络营销活动。

● 思政目标

增强信息安全意识,提升自我保护能力。

● 工作任务

任务1　认识二维码营销
任务2　了解二维码营销技巧
任务3　选择二维码营销渠道

任务1　认识二维码营销

问题引入▶

二维码营销是目前最流行的移动互联网营销手段，具有门槛和成本低、可应用行业广泛、简单方便、可塑造性强等特点，是网络营销界最有潜力的微营销方式，是各行业进军移动互联网必备的手段。那么，什么是二维码营销？二维码营销有哪些业务分类？

解决方法▶

了解二维码营销首先要知道二维码的概念，二维码业务。二维码营销具有信息量大、编码范围广、容错能力强，成本低等特点。

任务实施▶

1. 二维码概述

二维码（2 - dimensional bar code）**是指按一定规律，在平面上分布的黑白相间、记录数据符号信息的特定几何图形。**二维码也是条码，但二维码能够在横向和纵向两个方向、两个维度同时存储和表达信息，是在一维条码的基础上扩展出另一维具有可读性的条码。二维码使用黑白矩形图案表示二进制数据（即在代码编制上巧妙地利用构成计算机内部逻辑基础的"0""1"比特流的概念），让若干个与二进制相对应的几何形体来表示文字数值信息，通过图像输入设备或光电扫描设备自动识读以实现信息的自动处理。二维码具有条码技术的一些共性：每种码制有其特定的字符集；每个字符占有一定的宽度；具有一定的校验功能等，如图 8 - 1 所示。

新浪汽车移动端

今日头条APP

二维码的起源

图 8 - 1　二维码

2. 二维码业务分类

因为二维码具有小巧易读、方便、信息容量大等特点，所以二维码营销应用的场景非常广阔。它的业务主要分为主读类业务和被读类业务。

1）主读类业务

主读类业务是指二维码用户在手机上安装二维码客户端，使用手机拍摄并识别媒体、报纸等上面印刷的二维码图片,获取二维码所存储内容并触发相关应用。

(1) **防伪**。在二维码营销应用中,二维码客户端识别二维码后可获得验码系统中事先生成的票据或产品信息,如图8-2所示。通过将这些信息和实物的比对,客户即可核实实物的真伪。

(2) **电子名片**。企业在印制纸质名片时,将包含姓名、联系方式、电子邮件、地址等信息的二维码码图一起印在名片上,如图8-3所示。收到名片的用户使用二维码客户端识读名片上的二维码,即可将二维码营销中包含的信息存入手机的通讯录中。

图8-2　二维码防伪

图8-3　二维码名片

(3) **溯源**。企业可以利用二维码营销,使用户只要用手机扫描产品包装上的二维码,即可获知该产品的正品安全信息,从而实现产品溯源,如图8-4所示。例如,消费者在购买食品时,只需使用手机二维码客户端扫码或发短信,即可查询产品认证状况等信息,并可及时举报虚假、错误信息。

(4) **广告媒体**。商户将包含网址的二维码印制在杂志、报刊、户外广告上,用户通过自己手机中安装的二维码客户端扫描,即可快速访问商户网址,加强了商家和潜在用户的互动,如图8-5所示。

图8-4　二维码溯源

图8-5　广告媒体

(5) **购物直通车**。在面积较大的平面广告上,将热点产品以货架的样式展现出来,辅以必要的文字说明。用户如果发现有自己需要的商品,即可使用手机扫码直接进入订单页面,简单填写少量信息(如购物件数等)后,即可完成订购,省去了用户上网重新搜索此商品的步骤。

（6）问卷调查。一些二维码中的信息是一些网站链接，消费者只需使用手机或其他移动终端扫描二维码，进入云端平台即可在线进行问答，如图8-6所示。运用新形式吸引消费者的同时，也省去了传统问卷调查所需的人员分配与物料印刷，节省了大量运作费用。所以，问卷调查形式的二维码也正逐渐流行。

图8-6 问卷调查二维码

2）被读类业务

被读类业务是指当二维码存在于用户手机上时，用户持手机到应用现场，通过二维码机器扫描手机进行内容识别。

（1）**二维码支付**。二维码支付功能让手机在线支付成为可能，真正实现随时随地购物。消费者选择商品、加入购物车、填写收货信息，完成商品选购后，后台提醒商家消费者购买情况，商家与消费者联系协商支付事宜。消费者也可选择用支付宝、微信、财付通等在线支付方式进行在线支付。

（2）**团购**。团购网站在商品或服务的销售环节引入二维码作为购买凭证，消费者在线付款后，向消费者手机发送二维码购物凭证，消费者可直接凭借该二维码凭证到销售该商品或服务的商家消费。例如，消费者在美团上购买电影票，支付成功后美团便会将二维码发到消费者的手机上，然后可以用二维码在电影院的取票机上取票。

（3）**电子VIP会员凭证**。企业为自身会员发放二维码作为会员凭证，会员凭借存储在手机上的二维码短彩信，即可在特定场所享受会员服务，实现电子VIP会员凭证的使用。

（4）**积分兑换**。企业将积分兑换的商品或服务以二维码的方式印制在产品上，企业会员通过扫二维码进行积分兑换商品。积分兑换为企业会员提供了便捷的体验服务，为企业减少了物流成本，成为一种便捷的服务形式。

（5）**在线投票**。如今电视节目特别喜欢利用扫二维码的方式，让用户参与投票，如《男神女神》节目让网络用户扫描二维码，并给自己心中的女神投票，从而下意识地吸引很多用户的注意力。

除了一些当场可知晓中奖的情况外，获奖用户的手机还能及时收到奖品的二维码电子凭证，并可随时前往商家门店兑换奖品或享受服务，使抽奖活动变得更为方便快捷。

（6）**优惠券下载**。这里的优惠券是指优惠券的电子形式。二维码具有功能完整的电子优惠券下载服务，省去了客户前去终端机领取优惠券的步骤。客户只需轻点鼠标即可享受企业或商家为客户精心准备的各类产品优惠信息，然后通过所下载的优惠券享受优惠服务。

（7）**电子票**。消费者通过移动互联网、电话等方式实现移动订票，票务订单生成后，将电子票以二维码短/彩信的方式发送至消费者手机，消费者到场后凭手机上的二维码电子票即可验票进场。

（8）**电子签到**。电子凭证签到是利用手机二维码进行签到验证的会务系统。企业用户只需向系统添加参会人员基本信息，然后由平台管理员将二维码发送到参会人员手机中，参会人员即可使用手机中的二维码进行签到。电子凭证签到方式不仅方便快捷，而且安全可靠，有助于参会人员的数据管理。

3. 二维码营销

所谓二维码营销，是指商业机构可以将所需要的信息载入二维码，客户通过二维码的信息读取，实现查看产品、购买、身份认证、支付认证等，使得客户购买产品或服务更加便利。作为一种新的营销方式，二维码营销快速渗透到各个行业，大量出现在我们生活当中，它与传统营销模式相比较，有以下优势：

（1）**信息量大**。二维码的信息容量是普通条码信息容量的几十倍。

（2）**编码范围广**。二维码可以把图片、声音、文字、签字、指纹等信息进行编码。

（3）**容错能力强**。二维码的容错能力可以保证当二维码部分被遮掩或破损时依然可以读出完整信息。如图8-7所示，左边是污损了的二维码，右边是扫描污损二维码后依旧读出的完整信息。

（4）**译码可靠性高**。二维码的误码率不超过千万分之一。这个数据表明二维码基本不会有读码错误的情况发生，译码可靠性极高。

（5）**可引入加密措施**。二维码本身并不具有保密功能，二维码加密功能的运用，需要在二维码内引入加密措施。加密二维码运用最广的区域是在高铁火车票中，二维码的加密措施有效地避免了因火车票上的二维码而泄露乘客个人信息的事情发生。

图8-7　容错能力强的二维码

（6）**成本低**。二维码的成本低不仅体现在它的容易制作上，更表现为持久耐用。

（7）**尺寸可变**。对二维码来说，对图形进行放大或缩小，并不影响其横向和纵向的黑白点数，也就不会影响对二维码的读取。

（8）**易识别**。基于二维码的容错能力强、尺寸可变和译码可靠性高等特点，二维码具有易识别的优势。

（9）**应用空间广阔**。随着移动互联网的发展，二维码已经在物流、金融、交通、制造业、电子商务、传媒、旅游、通信等领域得到了广泛应用。

（10）**链接移动网络**。二维码不但可以携带大量的、各式各样的信息，还可以作为一个网络链接接口，让扫描二维码后的用户，直接进入厂商提供给用户的网站，为移动网站带来更多流量。二维码链接移动网络的功能，让用户可以通过二维码进行现实生活中的交易、互动。

（11）**定位和监控营销效果**。由于二维码是一个用户占主动地位的营销平台，所以商家可以通过二维码的被扫描情况进行精准的营销定位和监控。

同步实训

资料阅读：二维码中隐藏的危机

1．实训目的

了解二维码安全问题。

【课程思政】——增强信息安全意识，提升自我保护能力

2．实训内容及步骤

（1）扫描二维码阅读《二维码中隐藏的危机》，回答问题。

（2）有哪些二维码需要引起警惕？

二维码中隐藏的危机

任务小结

  1. 二维码是指按一定规律，在平面上分布的黑白相间、记录数据符号信息的特定几何图形。二维码营销是指商业机构可以将所需要的信息载入二维码，客户通过二维码的信息读取，实现查看产品、购买、身份认证、支付认证等交易，使得客户购买产品或服务更加便利。

  2. 二维码具有小巧易读、方便、信息容量大等特点，所以二维码营销应用的场景非常广泛。它的业务主要分为主读类业务和被读类业务。主读类业务包含防伪、电子名片、溯源、广告媒体、购物直通车和问卷调查；被读类业务包含二维码支付、团购、电子VIP会员凭证、积分兑换、在线投票、优惠券下载，电子票及电子签到。

任务2　了解二维码营销技巧

问题引入▶

  随着智能手机的普及，二维码的运用领域越来越广泛，很多商家利用二维码营销进行企业宣传。那么使用二维码营销有哪些技巧呢？

解决方法▶

  可以通过吸引用户、留住用户、增加用户的步骤来进行二维码营销。

任务实施▶

1. 吸引用户

  企业想要实现二维码营销的目的，首要任务就是吸引用户。下面介绍利用二维码营销吸引用户的技巧。

1）带图形的二维码

  如今的二维码并不只是黑白格的形式了，它还可以添加图片。企业把宣传物主题的核心元素与二维码搭配显示，可以营造出比较时尚的构图，如图8-8所示。

  企业做二维码营销的时候，可以利用图形二维码放置产品图片，使二维码承载的不仅仅是文字，还富有创意地使用了图片来完善企业的二维码信息。

2）有创意的二维码

  如今媒体传播环境日益丰富，年轻化的消费受众更是喜欢尝鲜，彩色二维码更能适应市场需求。更多的企业愿意用彩色的二维码作为产品的营销方式，并且缤纷的色彩能给人带来视觉的有力冲击，给人留下深刻的印象，如图8-9所示。

图8-8 图片二维码　　　　图8-9 彩色二维码

　　彩色二维码的生成技术也并不复杂，而且备受年轻人的喜爱。除了彩色二维码的生成技术，当前还有不少"个性二维码"的生成工具，把一些个性图案与二维码进行合成，得到个性化并能被扫描设备识别的二维码。随着二维码的发展，这种"个性二维码"已经在二维码营销中流行起来。

3）品牌植入二维码

　　企业在进行二维码营销时可以将品牌植入二维码，做成了一个以生活为主题的情景画面。在二维码中放入大众生活场景的画面，极具创意，借此吸引顾客目光，如图8-10所示。

4）结合产品的二维码

　　企业做二维码营销时，可以让产品信息与二维码外观相结合，给二维码加入其他元素，使二维码具有突出活动主题、扩大活动影响力的作用，如图8-11所示。

图8-10 品牌植入二维码　　　　图8-11 结合产品的二维码

5）创造惊喜

　　企业在应用二维码营销的过程中，可以利用微博、微信送祝福，甚至还可以以二维码的形式给用户发一份红包，如图8-12所示。

6）趣味性

　　趣味性的二维码营销活动也是取得成功的捷径。例如，灵动快拍与阳澄湖大闸蟹股份有限公司进行二维码防伪合作，消费者只要扫描大闸蟹"腰带"上的二维码，即可辨别大闸蟹的真伪。

7）内容介绍明确

　　企业在运用二维码营销时，要明确告诉用户二维码里面的内容，如果二维码里面是优惠券，就应该在二维码旁边加以说明。

最忌讳的就是只放一个二维码，可是却没有说这里面是什么，这样会导致以下两种结果。

❶ 用户扫了之后觉得很失望，也会对产品或品牌失望，因为内容并不是用户期望的。

❷ 用户不会扫描，因为用户没有动机去执行。

2. 留住用户

顾客扫描二维码后，怎样让顾客持续消费产品呢？营销的原则之一就是给顾客带来利益和几乎完美的服务。下面从这两个角度介绍二维码微营销留住用户的技巧。

图 8-12　二维码红包

1）给用户带来利益的二维码营销

如果企业的二维码只是一味地塞给顾客企业想传递的信息，而没有给予顾客需要的信息，那企业的二维码营销将寸步难行。所以企业一定要考虑到给顾客带来利益的二维码营销创意。例如，某家咖啡店针对上班族习惯一边喝着香醇的咖啡一边阅读当天早报的生活方式。创意地运用二维码体积小、信息含量大的特点，在咖啡杯上印上可以提供早报的二维码，让顾客可以边喝咖啡边读早报，给顾客带来利益，如图 8-13 所示。

2）提供售后服务的二维码营销

企业可以利用二维码营销给顾客提供良好的售后服务。企业只需在每一件产品的售后服务卡上印有一个独一无二的二维码，顾客只要扫描二维码就可以随时随地地享受企业的售后服务，如图 8-14 所示。

图 8-13　印有二维码的咖啡杯

图 8-14　二维码营销为顾客提供售后服务

3）利用二维码的网站链接功能

企业在实行二维码营销的过程中，可以利用二维码的网站链接功能，在方便用户进入网页的同时，还能增加网站流量。

4）调动用户积极性

企业想要应用二维码营销，就要利用二维码与用户互动，并且强化消费者购买产品的欲

望，达到提高产品的成交转化率的最终目的。

企业可以利用二维码互动营销平台，将官方二维码印刷在多种载体上，用户通过手机扫描二维码，可快速浏览企业的活动信息、获取优惠券、参与抽奖等。

5）及时追踪二维码营销效益

引导消费者扫描二维码后，可以评估二维码的营销效益。营销者可以通过分析以下三方面，掌握二维码营销效果，为进一步开展二维码营销提供参考依据。

❶ 二维码扫描跳转后，消费者在活动页面停留的时间才是营销活动成功与否的主要指标，毕竟二维码只是一个辅助工具。

❷ 如果消费者扫描后在跳转页面中停留的时间极短，甚至没看清楚这个页面到底是做什么的，那么只能说，这个二维码非常吸引人，但活动是失败的。

❸ 若二维码扫描量过低，就该反省中间的细节。

3. 增加用户

企业成功吸引顾客后，应该利用二维码营销来想办法增加用户。二维码营销增加用户的技巧如下。

1）链接页面的设计

消费者通过智能手机扫描二维码后要能链接到网页。

（1）**尽量使用较短的网址**。一般使用的网址，经过处理后变成短网址，则二维码上的黑白点颗粒会变大，其判读速度快，而没有经过处理的网址，二维码上的黑白点颗粒会比较密集，判读速度较慢。

（2）**网页的内容要精简干净**。由于手机屏幕的限制，网页的信息最好限定在一页，尽量不要让消费者往下拖拽才能看完整个信息。

（3）**链接网页不要放 Flash 元素**。Flash 不一定能够体现出更多具有价值的信息，而且苹果系统的 iPhone 和 iPad 都不支持 Flash 格式文件，如果二维码链接过去的网页有 Flash 元素的话，则那些拥有高消费能力的人群无法看到产品和活动。

2）增加二维码的清晰度

二维码营销能否成功，取决于二维码能否成功被扫描。用户扫描二维码时除了尺寸限制外，还包含"清晰度"的问题。清晰度的问题可能来自以下两个方面。

❶ 企业不能使用自己的 LCD 屏幕来测试影片二维码，因为电视信号传播到消费者的家里后会有衰减，都会变得模糊一些，这对于二维码扫描成功率有很大影响。

❷ 如果二维码图形没有调整成适合放在户外广告的尺寸，而直接放置在户外广告上，消费者可能根本扫不出来。

3）让用户深入体验广告

大部分企业在做网络营销的时候，二维码广告仍然只是做了一个官网或者优惠活动的链接入口，对于用户来说，这种二维码根本没有设计可言。

企业应该想出一些新奇的方式，把二维码展现到用户的面前，即使二维码内容单一，但是展现的方式有趣、有创意，那么也会引起用户注意，勾起用户扫描的欲望，那么这样的二维码营销就算是成功了一半。

同步实训

简易制作二维码

1. 实训目的

会使用工具制作二维码。

2. 实训内容及步骤

扫码学习二维码制作教程，完成以下类型二维码制作及美化：
(1) 普通文本二维码。
(2) 网址链接二维码。
(3) 名片二维码。
(4) 文件内容二维码。
(5) 图片信息二维码。
(6) 音视频二维码。
(7) 微信二维码。
(8) 表单二维码。
(9) 批量生码。

二维码制作教程

任务小结

企业想要实现二维码营销的目的，首要任务就是吸引用户，然后给顾客带来利益和几乎完美的服务来留住用户，企业成功吸引用户后，应该利用二维码营销来想办法增加用户。

任务3　选择二维码营销渠道

▶ 问题引入 ▶

企业在进行二维码营销的时候，首先要明确投放二维码的目的，针对企业的最终目的选择适合的二维码营销渠道。那么使用二维码营销有哪些渠道及方法呢？

▶ 解决方法 ▶

可以通过微信、企业名片、微博、宣传单等渠道开展二维码营销。

▶ 任务实施 ▶

1. 微信

如今的微信已经不仅仅是通信工具了，它除了支持语音、短信、视频、图片外，还具有二

项目8　二维码营销

维码扫描功能。

微信二维码是二维码营销的主要渠道，它是腾讯开发的用于微信用户添加好友的一种方式，是含有特定内容格式的，只能被微信软件正确解读的二维码。

随着微信的火热，企业把营销目光放到了微信二维码上，制作自己公司的微信二维码，放置于企业微信账号上，如图 8-15 所示。关注了企业微信账号的用户即可通过扫描企业微信二维码了解企业文化。一些针对附近人群经营的小型企业，还可利用微信中"查看附近的人"和"向附近的人打招呼"两个功能，推广自己的二维码。

图 8-15　微信企业二维码

2. 企业名片

名片对于企业来说是非常重要的，因为名片可以代表一个企业的形象，上面的元素包括企业名称、姓名、联系电话、地址和公司 LOGO 等。

二维码与传统名片相结合，有利于二维码营销，可以承载电话、邮箱等传统联系方式之外的更多信息，如个人网址、住址、QQ、微信、微博等信息。二维码也可以同时存在于纸质名片上，用户使用扫码软件扫描，就可读取二维码内包含的文字和图片信息。

如今，越来越多的企业向客户派发二维码名片，力图用最低的宣传成本获取更大的经济效益。

3. 微博

如今，人们随时随地都在使用微博，微博已经成为一种时尚。网民们喜欢在微博上看自己感兴趣的话题，了解新话题。企业在微博上给自己的产品打广告时，也会推广相关的二维码，如图 8-16 所示。

图 8-16　微博中的二维码

4. 宣传单

随着时代的进步，企业不再用以前的老思想，看好一个好的营销方式就只专攻这一种方式，而是会把自己所掌握的营销方式都整合在一起。通过平面、户外、网络以及印刷品等媒体，可以很方便地展示二维码，二维码与现有媒体捆绑方式，可以将现有媒体传播价值保留和

169

延伸至移动互联网中，以沉淀新产生的潜在客户。企业在进行二维码营销的过程中，可以在印刷活动单页的时候，印刷相应的二维码，如图 8-17 所示。

图 8-17　宣传单上的二维码

宣传单是最普通、最能直接接触用户的推广方式。宣传单的主要好处是可以将广告的推广成本降到最低，每一个接受广告的人都是实际的或者潜在的顾客。

同步实训

招生二维码推广

1. 实训目的

会使用二维码开展营销。

2. 实训内容及步骤

（1）搜集并整理招生相关的资料，并制作成二维码。

（2）选择合适的二维码营销渠道开展高校招生的宣传推广。

习题

任务小结

可以通过微信、企业名片、微博、宣传单等渠道开展二维码营销。

项目 9 事件营销

项目概述

事件营销是一种随时抓住热点信息和跟随网民目光的营销方式,对于网络营销来说,它是不可缺少的方式;对于企业来说,它是无可替代的"摇钱树";对于网民来说,它是时事热点的推动者,让网民在闲暇时还能找到感兴趣的话题并积极讨论。本项目将带领大家认识事件营销,学习事件营销技巧,熟悉事件营销要点。

学习目标

知识目标:
了解事件营销基础知识;了解事件营销技巧及要点。

能力目标:
会识别事件营销。

思政目标

理解工匠精神的科学内涵;深化对道德的认识,守住道德底线。

工作任务

任务1　认识事件营销
任务2　了解事件营销技巧及要点
任务3　事件营销案例展示

任务1　认识事件营销

问题引入▶

1915年中国政府倾力参加在美国旧金山举办的世博会，这也是旧中国时期，中国商品在世博会上展出最多的一次，共有1 800箱10万件重达两千多吨的展品，漂洋过海地去参展，中国国酒茅台酒也名列其中。可由于各国送展的产品也很多，琳琅满目，美不胜收。所以中国的茅台酒被挤在一个角落，久久无人问津。大老远跑一趟，不能白来呀！中国的工作人员眉头一皱，计上心来，提着一瓶茅台酒，走到展览大厅最热闹的地方，故作不慎地把这瓶茅台酒摔在地上。酒瓶落地，浓香四溢，人们被这茅台酒的奇香吸引住了，也因此知道了中国茅台酒的魅力。这一摔，茅台酒出了名，被评为世界名酒之一，并得了奖。

这就是事件营销！事件营销是怎么回事呢？

解决方法▶

事件营销是近年来国内外十分流行的一种公关传播与市场推广手段，它集新闻效应、广告效应、公共关系、形象传播、客户关系于一体，并为新产品推介、品牌展示创造机会，建立品牌识别和品牌定位，形成一种快速提升品牌知名度与美誉度的营销手段。

任务实施▶

1. 事件营销概述

事件营销是指企业通过策划、组织和利用具有新闻价值、社会影响以及名人效应的人物或事件，吸引媒体、社会团体和消费者的兴趣与关注，以求提高企业或产品的知名度、美誉度，树立良好的品牌形象，并最终促成产品或服务销售的手段和方式。

老干妈事件成营销热点

2. 事件营销分类

根据互联网出现的热点事件来看，可以把企业事件营销运作手法分为两类。

（1）企业借用已有的社会热门事件或话题，结合企业或产品在销售或传播上的目的而展开的一系列活动。

（2）企业通过策划、组织和制造具有新闻价值的事件，整合自身资源，以吸引媒体、社会团体及消费者的关注。

3. 事件营销特点

事件营销具有以下四个特点：

（1）**成本低**。事件营销一般通过软文形式来表现，避免了其他营销方式的高额宣传费用，可以产生低投入、高回报的宣传效果。

（2）**多样性**。事件营销可以集合新闻效应、广告效应、公共关系、形象传播、客户关系

剖析"封杀王老吉"

项目9　事件营销

于一体来进行营销策划。多样性的事件营销已成为营销传播过程中的一把利器。

（3）**效果明显**。企业利用时事热点来做事件营销，很容易聚集网民讨论事件，如果反响好，则会被多次转发，从而扩大营销效果。

（4）**新颖性**。事件营销基本上都用热点事件来展开营销，而热点事件一般应是对大众来说比较新颖、反常等的事件，受到大众的关注与讨论。

4. 事件营销的作用

事件营销具有以下四个作用：

1）新闻效应

最好、最有效果的传播工具和平台是新闻媒体。而事件营销的第一个作用，或者说它最大的特点就是可以引发新闻效应。而一旦引发媒体的介入，有了媒体的帮助及大力传播，那效果及相应的回报就是巨大的。最重要的是，由事件营销引发出来的新闻传播，完全是免费的，不用额外花一分钱。所以我们在策划事件营销之前，应该充分了解媒体，掌握他们喜欢什么，愿意报道什么。

2016年3月的政府工作报告提出"鼓励企业开展个性化定制、柔性化生产，培育精益求精的工匠精神，增品种、提品质、创品牌"，同时"工匠精神"首次出现在政府工作报告中。

此后，各大企业纷纷贯彻"工匠精神"，3月7日，"我不是做插线板广告，我是在讲工匠精神。"雷军向公众表示，小米的成功在于重视设计和用户体验。3月8日，格力的大松电饭煲发布，被媒体称为"董姐饭局"看工匠精神。3月10日，小米包下了《新京报》的头版打广告，广告内容非常简单——用"精益求精的工匠精神"探索新国货之路。如图9-1所示。

【课程思政】——
执着专注、精益求精、一丝不苟、追求卓越的工匠精神

1. "七一勋章"获得者：工匠精神的杰出代表艾爱国（视频）

2. 从焊工到焊神需要怎样的工匠精神（视频）

图9-1　小米"工匠精神"广告

2）广告效应

不管使用什么营销手段，其实最终的目的都一样，都是为了达到广告效应。而事件营销的广告效应，要高于任何其他手段，效果可以说是最好的。这是因为一个热门事件，往往都是社会的焦点，是人们茶余饭后的热点话题，而由于人们对事件保持了高度的关注，自然就会记住事件背后的产品和品牌。

3）公共关系

通过事件营销，可以极大地改善公共关系。例如，在"封杀王老吉"的营销事件中，王老吉的正面公共形象一下子就树立起来了，用户对于王老吉的认可程度，达到了史无前例的高度。在用户追捧的过程中，王老吉的知名度和销售量也被拉向了一个新的高潮。

4）形象传播

对于那些默默无闻的企业，如何快速建立知名度，迅速传播品牌形象是个不小的难题。而通过事件营销，就可以攻克这个难题，由于事件营销的裂变效应，可以在最短时间内帮助企业建立形象，传播知名度和影响力。比如著名涂料品牌富亚涂料，之前只是一个名不见经传的小企业，但是因其老板当众喝自家生产的涂料而一夜成名，其产品安全环保的形象跃然纸上，深入人心。富亚涂料也因此迅速成为国内知名品牌。

同步实训

了解"封杀王老吉"事件

1. 实训目的

认识事件营销，分析"封杀王老吉"事件营销过程。

2. 实训内容及步骤

（1）网络搜索并了解"封杀王老吉"营销事件。
（2）结合该营销事件的背景，分析该营销事件的前因后果。
（3）分析该事件的营销流程。
（4）通过案例，谈谈你对事件营销的认识。

任务小结

1. 事件营销是指企业通过策划、组织和利用具有新闻价值、社会影响以及名人效应的人物或事件，吸引媒体、社会团体和消费者的兴趣与关注，以求提高企业或产品的知名度、美誉度，树立良好品牌形象，并最终促成产品或服务的销售的手段和方式。

2. 事件营销具有成本低、多样性、效果明显、新颖性的特点。

项目9 事件营销

任务2　了解事件营销技巧及要点

问题引入▶

事件营销可以认为是围绕某项事件而做的营销活动。那么开展事件营销有哪些技巧呢？

解决方法▶

"事件"可以包括美女、情感、热点、争议、公益等事件，因此事件营销有五张技巧牌，分别为美女牌、公益牌、争议牌、热点牌、感情牌。

任务实施▶

1. 事件营销五张技巧牌

1）美女牌

美女是永恒的话题和热点，也是最容易策划和实施的营销元素。所以在策划事件营销时，若实在找不到好的创意点，不妨考虑打打美女牌，虽然招数有点老，但却非常有效。

从"度娘"看事件营销

例如，2012年的"度娘"——百度公司 HR 管理职位的一名职员，在一次百度年会中，其妖娆的身姿和甜美的长相，获得了无数网友的注目礼，从而一夜红遍了网络，也继而获得了"度娘"的称号。"度娘"也成了百度历史上最好的一次招聘广告，吸引了很多网络才子的目光，大家都直呼"众里寻她签百度"，如图9-2所示。总之，美女"度娘"赚足了网民的眼球，而百度也随之赚足了人才。

图9-2　百度用"度娘"做招聘海报

2）情感牌

女性消费者相对比较感性，情感需求丰富，很容易被富有感情的事件打动和吸引，企业在进行事件营销时，打出情感牌来打动女性消费者柔软的心。

例如，大学毕业季时，大学恋情、大学离别、怀念青春的话题本来就很热，这时把很具有话题性的《致我们终将逝去的青春》电影投放市场，一发不可收拾。

与其说这是一部怀念青春的电影，不如说在这个时间节点网友需要这样一部怀念青春的电影。这样网友边看电影，边会想到自己的青春时光，观看电影、谈论电影成为这个时间节点重要的精神消费。这时，这部电影已经融入网友的情绪中，随之缅怀已逝去的青春。

总之，事件营销的感情牌，就是用最牵动人心的事件，引发人们感触，夺得眼球。

3）热点牌

事件营销也可以叫"借势营销"，是指企业及时抓住受关注的社会新闻、事件以及明星效应等，结合企业或产品在传播上达到一定高度而展开的一系列相关活动。简单地说就是企业利用时事热点，围绕时事热点展开的营销活动。

七大类热点
教你借势营销

例如，一部名为《来自星星的你》的韩剧迅速成为国内最热门的娱乐话题。网络上还出现了剧中的"炸鸡和啤酒"热点关键词，微博上出现了大量的炸鸡和啤酒的相关话题。一夕之间，朋友、同事、情侣之间相互请吃炸鸡、喝啤酒成为一个时髦的举动，很多餐馆顺势推出相关套餐，卖得相当火爆。

总之，企业只要抓住热点进行事件营销活动，就能轻松获得广大群众的目光，让他们自愿跟着企业的营销活动而走，从而得到意想不到的营销结果。

4）争议牌

事件营销具有争议性的话题很容易引起广泛传播。但争议往往又都带有一些负面的内容，企业在口碑传播时要把握好争议的尺度，最好使争议在两个正面的意见中发展，不然会让企业臭名远扬，那就得不偿失了。

例如：2016年重塑品牌定位的益达，摒弃了那种甜而不腻的小清新情愫"嘿，你的益达。不，是你的益达。"而后，推出全新的广告主题："笑出强大"，由郭敬明、苏炳添以及平凡女孩的故事入手，重在突出"直面成见、活出自我"的人生观，用自信的笑容去化解生活中的种种困境。品牌定位的重新诠释，从温馨的关怀走到了自信层面。

这系列广告发布后，也一度引起了网友们的广泛讨论，而其最大的争议点在于，"笑出强大"的广告语、广告中的消费场景以及品牌调性上都有所偏离，与产品特点结合得有些出入。不过，大家在争议的同时，也知道了益达品牌重塑。

5）公益牌

企业在做事件营销的过程中可以打出公益牌，以关心人的生存发展、社会进步为出发点，借助公益的活动与消费者沟通，在产生公益效果的同时，使消费者对企业的产品或者服务产生偏好，并由此提高品牌的知名度和美誉度。

例如，王老吉向汶川地震灾区捐款一亿。第二天网络上来自一篇题为《让王老吉从中国的货架上消失！封杀它！》的帖子中说"王老吉，你够狠！捐一个亿！为了整治这个嚣张的企业，买光超市的王老吉！上一罐买一罐！"，如图9-3所示。虽然只有短短40多个字，但其中的巨大杀伤力，可抵十万雄兵。王老吉捐赠了一个亿，同时也收获了社会给予的丰厚回馈——王老吉第二天开始在全国市场的全线飘红点燃了一波巨大的营销旋风。

2. 事件营销九个操作要点

虽然事件营销有各种好处，也被无数企业应用，但并不是所有事件营销都会取得很好的效果，有些事件营销不仅达不到营销的目的，还有可能惹上官司，所以我们在策划事件营销时，也需要注意一些要点。

图9-3　王老吉巧用公益营销

1）不能盲目跟风

成功的事件营销有赖于深厚的企业文化底蕴,不是盲目跟风学来的。再延伸一点说,做网络营销推广也是如此,不能看到某个方法火,就盲目去用,关键要看自己是不是适合,针对自己的情况,如何有效结合实施。比如前两年事件营销正火,各种网络红人当道时,"红本女"横空出世。

2）符合新闻法规

事件营销不论如何策划,一定要符合相关的新闻法规,不能越位。

2015年11月月初,有网友在国贸附近看到一群裸女,只穿着丁字裤,把广告贴在后背上。单就事件营销本身而言,非常有传播点,可惜还没进行完,警察叔叔就赶来了,结果是草草收场。

《广告法》第三条规定,广告应当真实、合法,以健康的表现形式表达广告内容,符合社会主义精神文明建设和弘扬中华民族优秀传统文化的要求。第九条亦规定,广告不得有"妨碍社会公共秩序或者违背社会良好风尚"内容。此类营销行为,轻则可以处20万元以上100万元以下罚款,情节严重的,还可以吊销营业执照。

3）事件与品牌关联

事件营销不论如何策划,一定要与品牌有关联,最后一定是能对品牌起到宣传作用。比如前面提到的海尔厂长砸冰箱、老板喝涂料等案例,都是与品牌诉求紧紧联系在一起的:砸冰箱是为了突出企业重视产品质量,喝涂料是为了表明产品安全环保。

4）控制好风险

在策划一个营销方案之前,一定要充分考虑到风险因素,控制好风险,不能给企业造成负面影响,所有的推广都应该是为品牌加分。一个典型的失败案例是2010年轰动一时的"KFC秒杀门事件"。

2010年4月5号,"超值星期二特别秒杀优惠券"活动在肯德基的淘宝旗舰店推出:

秒杀活动共分为三轮,在4月6日10时、14时、16时分别进行三轮秒杀,最受欢迎的32元半价全家桶在最后一轮。

4月6日上午10时,第一轮"上校鸡块"的秒杀活动正常进行,顾客持优惠券都买到了6块钱的鸡块,但下午4点手持"优惠券"去购买全家桶的顾客却遭到拒绝,工作人员称活动已取消。

针对第二三轮优惠活动暂停一事,肯德基没有给出正面回应,却在官网上于3时54分发表了《肯德基优惠网"秒杀"活动声明》,称"个别网站上已出现后两轮秒杀活动假电子优惠券,为此肯德基临时决定停止第二轮、第三轮秒杀活动"。

大家都对KFC单方面取消活动表示强烈不满,结果是吐槽的帖子飞遍整个网络。本来挺好的一个网络营销活动,结果由于当初策划时风险意识不够,考虑得不够周全,给企业带来了一场严重的公关危机。

5) 曲折的故事情节

好的事件营销,应该像讲故事一样,一波三折,让人们看了大呼过瘾,看了还想看,这样新闻效应才能持久。例如著名的事件营销案例"武汉动物园砸大奔",从2001年12月中旬到2002年3月下旬,在整整三个多月的时间里,中国的媒体几乎都被"砸奔驰"事件所深深吸引,并为之进行了连篇累牍的报道。之所以媒体和公众对该事件如此关注,就是因为该事件如电视连续剧一样,几波几折、高潮迭起,让人们反复回味。

这种带故事、带情节的"砸奔三步曲",在传播效果上要比直奔主题砸车有效得多,此案例以其过程之曲折、角度之多、篇幅之大、持续时间之长、传播范围之广和宣传效果之好,当之无愧地成为事件营销的一个经典案例。

6) 事件营销要想好借力点

不是每一个事件营销都需要自己从头到尾策划出来,借助热点事件进行营销往往能达到更好的效果,但要注意一点,一定不能牵强附会,要和自己品牌顺畅地结合。

2015年6月,一篇"女孩子能反手摸到肚脐眼就是身材好"的帖子出现。之后,一大批等明星纷纷晒照秀身材,迅速引发了一场"反手摸肚脐"热。从微博到微信甚至网游都在热议,网友的亲身实践也催生了无数段子和笑料。当然所谓的"美国科学家研究"根本就不存在,"反手摸到肚脐"就等于好身材也完全没有科学根据,网友跟风验证最终也只能证明自己是"炫腹"一族还是"腹愁"而已,但该事件引起大量网友竞相模仿。

就在这个时候,大众点评网向所有反手摸不到肚脐的美女们发了一封致歉信,如图9-4所示。

本来反手摸肚脐与大众点评网是毫无关系的,但大众点评网成功利用了一封道歉信将自己与反手摸肚脐事件结合起来,多么成功的事件营销借力案例!

图9-4 大众点评借势营销

7) 吸引媒体关注

事件营销,最早也叫新闻营销,可见事件营销与媒体是密不可分的,没有媒体的关注和跟踪报道,单靠企业和自媒体自己炒作,是没有效果的。纵观各类事件营销,都能找到媒体的影子,大多数事件都是因为有媒体的介入而火的。所以在策划事件营销的过程中一定要有目的的引入媒体,包括平面媒体、电视媒体、互联网及现在比较火的自媒体。在这方面做得好的,当之属罗辑思维与papi酱的结合。

2016年papi酱突然蹿红,已成为各路媒体争相报道的对象;

突然得到罗辑思维投资,又是媒体关注的热点;

项目 9　事件营销

刚结合后就抛出要拍卖 papi 酱处女秀,又是一个热点;

正当大家翘首以待拍卖价的时候,又整出了个拍卖会,想参加?先交 8 000 元门票再说。有人觉得贵,有人觉得不贵,老罗(罗振宇)要的就是这个效果,有争议媒体才会关注。

拍卖还没开始,媒体就已经关注了好一段时间了,不得不说,作为媒体人出身的老罗,确实知道媒体的关注点在哪里,一戳即中。

8)不要认为事件营销只是临时性的战术

不要把事件营销当成临时性的战术,随性而为之,要将它当成一项长期战略工程来实施,并要注意事件短期效应与品牌长期战略的关系。例如,芙蓉姐姐长盛不衰的重要原因之一,就是其深谙媒体之道,经常制造新的事件及话题,因此一直保持着足够的曝光率和媒体关注度。而反观其他网络红人,往往都是因一件事火了之后,就再无下文了。

9)不断尝试

在事件营销的实施过程中,不一定都是顺风顺水的,大众对事件的关注程度,不一定会像策划时想得那么高。所以想成功,很重要的一条还是要戒骄戒躁、坚持实施、不断尝试。

同步实训

资料阅读：罗一笑事件拷问人性道德的底线

1. 实训目的

【课程思政】—— 守住道德底线

认识事件营销需要把握好争议的尺度。

2. 实训内容及步骤

(1)扫描二维码阅读《罗一笑事件拷问人性道德的底线》。
(2)谈谈开展事件营销的注意事项。

罗一笑事件拷问人性道德的底线

任务小结

事件营销有 5 张技巧牌,分别为美女牌、公益牌、争议牌、热点牌、感情牌。

任务3　事件营销案例展示

问题引入

随着成功案例不断出现,"事件营销"这个概念逐渐步入公众视线。因其较低的成本运作模式以及超乎想象的回报,"事件营销"使很多行业的营销方式产生了巨大的变革。事件营销如何运作?什么样的事件营销才能算是一个成功的事件营销呢?

解决方法 ▶

下面，我们不妨从以下几个经典案例领略一下精彩"事件营销"的魅力。

任务实施 ▶

1. 冬奥会五环变四环

第22届冬奥会开幕式上，名为"俄罗斯之梦"的冰雪盛宴之中却出现了一点小小的瑕疵。在体育场上空漂浮的五朵雪绒花本应该慢慢展开最终变形为象征着奥运会的五环形象，但右上角的一朵雪绒花却因为故障并没有展开。"五环变四环"，这样的失误通过电视转播呈现在了全世界观众们的面前，如图9-5所示。

在不到24小时的时间里，一家名为zazzle的在线创意网站很快就推出了名为"索契故障"的T恤衫，里面有各种颜色可以选择，但是价格不菲，男款需要22.95美元，女款也要19.95美元。国内电商迅速跟进，淘宝卖家迅速推出"五环变四环奥运T恤"，一天就卖出500多件。

红牛则以"打开的是能量，未打开的是潜能"作为宣传标语，如图9-6所示。

图9-5 冬奥会开幕式上的五环变四环

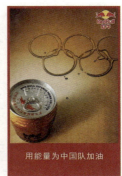

图9-6 红牛的借力营销

中国联通推出营销广告，"你做不到的，沃来帮你"。

有浏览器厂商戏称，五环没打开，是IE浏览器太慢，不如换一个试试。360、联想等公司也把自己公司Logo放在缺席的五环处，通过公司微博账号纷纷借机营销。

2. 李娜退役事件营销

两次大满贯捧杯，世界排名最高达到第二，中国网球金花一姐李娜宣布退役时吸引大众广泛关注，各商家抓住时机，李娜宣布退役当天纷纷借力营销。

奔驰（图9-7）

11:13@梅赛德斯-奔驰：今天，著名网球运动员、梅赛德斯-奔驰品牌大使@李娜因伤正式宣布退役。作为奔驰全球首位中国籍品牌大使，李娜两次大满贯冠军的辉煌战绩创造了中国乃至亚洲网球的全新历史，我们以她为

图9-7 奔驰的借力营销

荣！现在，她将离开那曾经有过欢笑和泪水的赛场，我们将一如既往地关注并支持李娜，并祝福她未来的人生更加精彩！

可口可乐（图9-8）

11：26@ 可口可乐：娜些快乐，感谢有你。#李娜退役#

伊利（图9-9）

11：29@ 伊利婴幼儿配方奶粉：从一个单纯喜欢网球的小女孩到世界瞩目的网坛明星，一路走来，坚毅的身影和付出的汗水，都使李娜这个名字深刻在我们心中。今天，她将告别赛场，迎来新的人生风景。这不是结束，这是新的开始，祝福娜姐在新的人生旅途中灿烂绽放。#李娜退役#

图9-8 可口可乐的借力营销

图9-9 伊利的借力营销

耐克（图9-10）

11：33@ NIKE：敢出头的鸟才配飞更远。向飞翔了15年的出头鸟致敬。#做个出头鸟#@李娜

@ 余柳 Leo：这个广告文本很极致、很简洁、很深刻。李娜是武汉人，湖北人常被称作"九头鸟"。另外，李娜跳出中国的体育体制，只身个人形式国外发展，也算得上是特立独行的"出头鸟"。

飞利浦（图9-11）

13：32@ 飞利浦娱乐影音：#李娜退役#听从自己的声音，娜样就很好！

康师傅冰红茶（图9-12）

15：23@ 康师傅冰红茶官方微博：#李娜退役#娜 young 精彩！

脉动（图9-13）

16：03@ 随时脉动：#李娜退役#十五年网球生涯，两座大满贯奖杯，每一个扣人心弦的时刻，每一个激动人心的瞬间都让我们热血沸腾。感谢你，娜些年带给我们胜利的脉动。

图 9-10　耐克的借力营销

图 9-11　飞利浦的借力营销

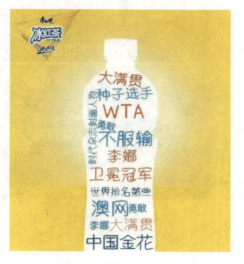

图 9-12　康师傅的借力营销

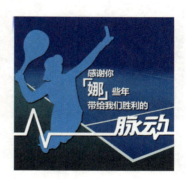

图 9-13　脉动的借力营销

3. 加多宝的"对不起"

加多宝与王老吉的品牌之争由来已久，最终以加多宝的落败告终。广州市中级人民法院下达诉中禁令裁定书，裁定广东加多宝饮料食品有限公司等被申请人立即停止使用"王老吉改名为加多宝""全国销量领先的红罐凉茶改名为加多宝"或与之意思相同、相近似的广告语进行广告宣传的行为。面对这一裁定，加多宝强大的广告营销能力再次被激发。2013年2月月初，加多宝官方微博连发四条主题为"对不起"的微博，并配以幼儿哭泣的图片，隐晦抗议近日广州中院关于加多宝禁用相关广告词的裁定，如图9-14所示。四条微博发出后，截至当晚8时许，该系列微博就被转发逾17万次，覆盖逾3亿多粉丝。"对不起体"系列微博看似道歉、实则叫屈的感情攻势确实赢得了社会公众的诸多同情与关注，加多宝的"反败为胜"由此开始。

项目 9　事件营销

在以上案例中,企业都能够很好地利用了网络媒体传播速度快、互动性强等特点,开展事件营销,使其营销本身产生出更大的价值。随着互联网产业的不断兴起,事件营销和传统的广告营销方式相比优势更加明显,在未来,这种营销方式势必能够释放更大的能量。

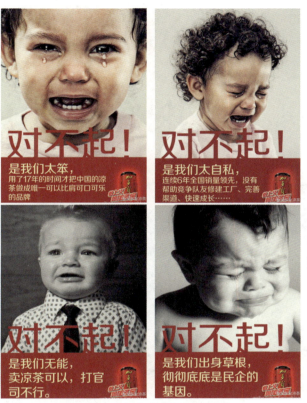

图 9-14　加多宝"对不起体"

习题

项目 10 网络视频营销

▶ 项目概述

如今越来越多的用户通过网络收看、制作网络视频,分享快乐。网络视频因互动和社交属性强、易于传播分享等优点而迅速成为一种新兴的网络营销载体,被越来越多的企业所关注和重视,网络视频营销也因此呈现爆发式的增长。本项目将带领大家认识网络视频营销、了解网络视频营销的形式,领会网络视频营销技巧。

▶ 学习目标

知识目标:

了解网络视频营销基础知识;了解网络视频营销的主要表现形式;掌握视频制作及发布技巧;掌握网络视频营销技巧。

能力目标:

会使用视频开展网络营销活动。

▶ 思政目标

了解国家战略,培养快速学习,不怕艰险,勇于奋斗的精神;培养有理想、爱岗敬业、开拓创新的职业品格和职业行为。

▶ 工作任务

任务1　认识网络视频营销
任务2　制作及发布营销视频
任务3　领会网络视频营销策略

项目10　网络视频营销

任务1　认识网络视频营销

问题引入▶

《第46次中国互联网络发展状况统计报告》显示截至2020年6月,我国网络视频(含短视频)用户规模达8.88亿,较2020年3月增长3 777万,占网民整体的94.5%。其中短视频用户规模为8.18亿,较2020年3月增长4 461万,占网民整体的87.0%,如图10-1所示。数据显示网络视频的发展势不可当,如何利用网络视频来帮助企业拓展营销渠道?

图10-1　网络视频(含短视频)用户规模及使用率

解决方法▶

"视频"与"网络"的结合,让网络视频具备了感染力强、形式内容多样、创意空间大、互动性、主动传播性强、传播速度快、成本低廉等优点,越来越多的企业意识到网络视频的营销价值,网络视频已成为企业重要的营销工具之一。

任务实施▶

1. 网络视频营销概述

网络视频是**一种影音结合体,是能够给人带来更为直观感受的一种表达形式**。网络视频主要通过网络平台进行传播,其内容格式多种多样(有WMV、AVI、RMVB、MOV等),需要借助特定的播放器播放。

网络视频营销是建立在互联网及其技术基础之上,企业或组织机构为了达到营销效果和目的而借助网络视频(包括视频直播)发布企业或组织机构的信息,展示产品内容和组织的活动,推广自身品牌、产品和服务的营销活动和方式。

2. 网络视频营销优势

视频营销将"有趣、有用、有效"的"三有"原则与"快速"结合在一起,使越来越多

185

的企业选择网络视频作为重要的营销工具。具体来说，视频营销具有如下优势。

1）成本低廉

与传统的电视视频广告相比，网络视频的运营成本要低很多。企业如果通过电视台播放视频广告进行宣传，往往需要花费几十万到几百万元的成本，然而通过互联网进行视频运营，一般只需要花费几万元或更低的成本，就可以获得相当可观的曝光量和传播量。Burst Media 公司的研究结果表明，56.3%的在线视频观众可以记起视频里的广告内容。

2）目标精准

只有对产品、品牌、视频内容感兴趣的用户，才会对视频产生兴趣，并持续关注，甚至由关注者变为传播分享者，将视频分享给与自己拥有相同特征和兴趣的用户。一般来说，经典、有趣、轻松的视频更容易被用户主动传播，当视频获得用户的主动传播后，就会使企业、产品或品牌等信息在互联网上迅速扩散。

3）互动+主动

网络视频营销具有互动性。网民可以对视频进行评论，也可以就其他网民的评论进行回复。网民的回复会为该视频造势，有较高回复率的视频的点击率也往往会飙升。网民还会把他们认为有趣的视频进行转发，主动让视频广告进行"病毒式传播"，让视频广泛传播出去，而不消耗企业的推广费用和精力。这一优势是电视广告所不具备的。

4）传播速度更快、范围更广

互联网环境可以使视频在发布的第一时间就被用户观看，且短时间内就能得到大量传播。企业可以根据需要在指定时间段将视频推送给用户观看，用户还可以主动去相关网站寻找感兴趣的视频，而不必被动等待。同时，每天使用各种视频网站的用户非常多，一旦视频拥有热度，就会被用户主动传播到各大社交平台，迅速地扩大传播范围。

5）营销效果可预测

网络视频的投放效果，通常可以根据一些数据进行分析和预测，例如网站访问量、视频点击数量、收藏数量、用户停留时长、转发量和评论数量等。利用这些数据不仅可以预测视频营销效果，还可以为下一次的视频营销提供决策依据。

3. 网络视频营销的表现形式

随着多媒体技术的发展和网络的普及，网络视频营销的表现形式也在不断创新和发展。目前较为常见的网络视频营销的表现形式主要有以下五种：

1）网络视频短剧营销

网络视频短剧是指一些剧情轻松、有趣或有创意的视频集，具有时长较短、故事情节完整、贴近生活等特点。企业通过网络视频短剧来进行营销，主要是通过贴近用户生活的视频内容来吸引用户观看，在视频中植入营销信息或作为投资方进行冠名。这种运营方式既可以利用互联网与用户进行沟通互动，又能保证品牌的曝光量，通过短剧内容培养用户对品牌的喜好度和忠诚度。

美的果蔬洗涤机植入视频短剧《当金牛女遇上处女男》

2）微电影营销

微电影即微型电影，是主要通过互联网进行传播的一种短影片。微电影有完整的故事情节，且制作周期较短，投入的资金相对视频短剧少，是十分适合

项目 10　网络视频营销

用户在移动状态、短时间休闲状态下观看的一种视频短片。微电影的内容十分丰富，幽默搞怪、时尚潮流、公益教育、商业定制等都可以单独成篇，也可以系列成剧。微电影通常短小精美，可以围绕产品和品牌设计故事。企业使用微电影进行营销时，可将产品特点、品牌理念等与用户的休闲娱乐等需求相结合，这样既能满足用户的观影需要，又不会占用用户太多时间，让用户可以在故事情节中自然而然地对品牌产生认知。为了保证微电影的质量，视频创作人员需要深入参与前期策划、剧本创作、演员挑选、拍摄剪辑、影片上线等各个环节，保证影片内容与品牌巧妙融合。

【课程思政】——
做知国家战略、会学习、会奋斗的新生代

微电影：
《华为新生代》

3）网络直播营销

网络直播具有实时互动、感官体验极佳以及低成本传播的优势，直播营销是以直播平台为载体进行的营销活动。直播营销对场地、物料等需求较少，是目前成本较低的营销方式之一。直播营销可以将主播试吃、试玩、试用等过程直观地展示在消费者面前，更快捷地将消费者带入营销场景。直播能达到更直接的营销效果，直播可以与消费者进行双向互动，企业借助直播可以收到消费者的使用反馈，可以获得观看直播的网民的反馈，以便于为下次直播营销进行修正。图 10-2 为工作中的电商主播。

图 10-2　电商主播在直播

短视频认知

4）网络短视频营销

短视频即短片视频，是一种互联网内容传播方式，一般是指在互联网新媒体上传播的时长在几秒到 5 分钟以内的视频，适合人们在移动状态和短时休闲状态下观看。随着移动终端的普及和网络的提速，短平快的大流量传播内容逐渐获得各大平台、"粉丝"和资本的青睐。短视频内容融合了技能分享、幽默搞怪、时尚潮流、社会热点、街头采访、公益教育、广告创意、商业定制等主题。不同于微电影和直播，短视频制作并没有像微电影一样具有特定的表达形式和团队配置要求，具有生产流程简单、制作门槛低、参与性强等特点，又比直播更具有传播价值，超短的制作周期和趣味化的内容对短视频制作团队的文案以及策划功底有着一定的挑战，优秀的短视频制作团队通常依托于成熟运营的自媒体或 IP，除了高频稳定的内容输出外，还拥有众多的"粉丝"。短视频的出现丰富了新媒体原生广告的形式。

5）"鬼畜"视频营销

"鬼畜"是一种较为常见的原创视频类型，该类视频以高度同步、快速重复的素材配合

187

BGM 的节奏达到洗脑或喜感效果，或通过视频或音频剪辑，用频率极高的重复画面或声音组合而成的一段节奏配合音画同步率极高的一类视频。"鬼畜"视频本身极具浓厚的娱乐性，比传统的硬式广告更容易让人接受，抵触心理较低；另外，受众目标也非常明确，以恶搞戏谑的玩法打破常规，赢得年轻用户群体。病毒式的"鬼畜"视频成长为新的视频营销方式，有着"一边魔音穿脑，一边轻松有趣的将品牌信息更有效率地传达出去"的神奇功效，"鬼畜"视频对打响企业品牌有非常显著的作用。

同步实训

总结网络视频平台的特点

1. 实训目的

了解并熟悉网络视频平台及其特点。

2. 实训内容及步骤

网络搜集资料完成下表的填写。

网络视频平台名称	特点
抖音	
快手	
微博	
微信	
B 站	
腾讯视频	
虎牙直播	

任务小结

1. 网络视频营销是建立在互联网及其技术基础之上，企业或组织机构为了达到营销效果和目的而借助网络视频（包括视频直播）发布企业或组织机构的信息，展示产品内容和组织的活动，推广自身品牌、产品和服务的营销活动和方式。

2. 网络视频营销具有成本低廉、目标精准、互动+主动、传播速度更快、范围更广，营销效果可预测的优势。

3. 网络视频营销的表现形式主要有网络视频短剧营销、微电影营销、网络直播营销、网络短视频营销、"鬼畜"视频营销这五种。

项目10　网络视频营销

任务2　制作及发布营销视频

问题引入▶

企业要开展网络视频营销，先要制作营销视频，在借助互联网将视频传播出去。那么网络视频的制作流程是怎样的呢？有哪些发布技巧呢？

解决方法▶

现代硬件设备和软件技术的发展，让网络视频制作不再是一件专业和困难的事，只需要掌握基本的操作知识，就可以利用自己的思维、经历和创意制作出独具特色的视频，并借助互联网将视频传播出去，达到营销推广的目的。

任务实施▶

1. 确定网络视频类型

不同的视频表现形式适合不同的企业，具有不同的效果，比如微电影、网络视频短剧等形式均需要花费一定的成本，需要专业的团队进行策划和制作，才能达到良好的效果。创意视频对视频剧本的专业性要求不高，但通常也需要花费一定的成本，且一定要具备独特的创意，才能吸引用户关注。传统节目的二次传播和用户自发生产的视频，相比成本较低，个人也可以完成，但要求制作者具备一定的敏锐度，才能快速准确地发现用户关注的问题，借助视频对这个问题进行催化，从而引起广泛的传播。因此在进行视频营销之前，要根据实际情况选择一种合适的视频类型，再针对这种视频类型进行专门的策划和设计。

2. 网络视频制作流程

与专业视频相比，制作网络视频的复杂性和技术性很低，但是为了保证视频的质量和价值，也需要遵循一定的制作流程。

1）构思内容

网络视频营销的关键点是内容，内容的好坏直接决定了视频的传播效果和影响力。由于网络视频通常时长较短，所以构思视频内容时，要确保可以在短时间内完成故事主题、情节或创意的叙述，保持视频的完整性，将产品和品牌信息完美地嵌入视频中，且不影响用户对视频的观看和理解。

2）设计剧本

不管是哪一种视频类型，都要提前设计一个完整的剧本，有情节、有逻辑、有观看价值的视频才能够给用户留下更深刻的印象，通过对人物、对白、动作、情节、背景、音乐等元素的设计，准确地向用户传达视频的视觉效果和情感信息，引起用户的好感和共鸣。

3）选择角色

如果视频需要通过角色传达信息，那么角色的选择一定要符合视频和品牌的定位，能够体现产品或品牌的特质,使视频内容与推广内容自然贴合。

4)拍摄视频

视频拍摄可以使用专业的拍摄工具,如 DV、摄像机等,也可以使用手机等移动设备进行简单拍摄,具体拍摄器材的选择需要依据视频的性质而定。在拍摄视频时,要注意内景和外景的选择,场景风格以符合视频内容需求为前提。

5)剪辑制作

剪辑是指将所拍摄的视频整理成一个完整的故事,剪除多余影像,进行声音、特效等的后期制作。在剪辑过程中,还需要考虑将产品和品牌的推广信息添加到视频中,制作出符合企业目的的营销视频。

6)压缩上传

完成视频的制作后,在保证视频质量不受影响的前提下,将视频压缩成大小合适的文件,转换成视频网站支持的影音格式,再上传到相关视频网站中。

3. 网络视频发布技巧

一个能够得到广泛传播的视频,不仅需要优质的内容,恰当的宣传,还需要选择合适的发布平台和正确投放方式。

传统视频的媒体投放一般会选择电视台的黄金时段进行发布,而网络视频的发布则通常选择流量更高的视频平台,比如国内的优酷、爱奇艺、腾讯、哔哩哔哩等。

当然,如果想将视频精准投放到目标人群更集中的平台,可以根据视频内容的特点选择特定的网络平台,如果想扩大视频的宣传范围和影响范围,也可以多平台投放视频,同时灵活使用社交媒体进行进一步的推广和宣传。

4. 短视频营销的实施流程

短视频营销的实施主要包括以下六步流程:

❶ 确定营销目标,并在基于对产品和市场竞争环境、市场定位、市场细分和目标市场选择分析的基础上制订短视频营销计划和营销策略。

❷ 选择短视频发布的平台。在选择发布平台时应全面分析平台的定位、用户规模、用户黏性、人群特征和运营模式等,以便从中遴选最适合企业产品开展短视频营销的平台。

❸ 制作短视频。这一阶段的具体工作包括短视频策划、短视频脚本撰写以及短视频的拍摄和后期剪辑等。

❹ 传播短视频,除了在短视频平台上发布外,还要充分利用其他途径广泛传播,以提高短视频的曝光率,争取吸引更多的目标受众观看。

❺ 做好粉丝的拓展与维护工作,可以采取组建粉丝交流社区、与粉丝在留言区互动、有奖转发等多种方式增加粉丝黏性。

❻ 对短视频数据进行分析,包括分析短视频被平台推荐的情况、用户点击观看的次数、完播率和用户的点赞、评论和转发的情况等。这些数据是企业今后改进和优化短视频营销的重要依据。

项目 10　网络视频营销

同步实训

家乡特产短视频制作及发布

1. 实训目的

掌握视频制作及发布技巧。

2. 实训内容及步骤

剪映使用教程

（1）构思短视频内容，设计剧本及角色；
（2）使用手机进行视频拍摄；
（3）使用剪映进行视频剪辑制作，扫描二维码学习剪映使用教程；
（4）开通微信视频号，将制作好的视频发布到微信视频号中。

任务小结

制作网络视频的流程为构思内容、设计剧本、选择角色、拍摄视频、剪辑制作、压缩上传到视频平台上。制作好的视频需要选择合适的发布平台和正确的投放方式。

任务3　领会网络视频营销策略

问题引入 ▶

进行网络视频营销的主要目的是促进视频的有效传播，加强对信息的传播与用户的沟通，提高视频营销的效果。因此要采取一定的策略来吸引用户，加强用户对内容的传播，有哪些视频营销策略呢？

解决方法 ▶

常见的网络视频营销策略有视频整合传播策略、视频创意策略、视频连锁传播策略、视频互动体验策略等。

任务实施 ▶

1. 视频整合传播策略

整合营销是对各种营销工具、营销手段的系统化结合，注重系统化管理，强调协调统一。应用到视频营销中的整合传播，则不仅体现在工具和手段的整合上，还需要在整合的基础上进行内容传播，以用户为中心，以产品和服务为核心，以互联网为媒介，整合视频营销和传播的多种形式和内容，达到立体传播的效果。

不同的网络用户通常拥有不同的网络习惯，拥有不同的与视频进行接触的途径，这使单一的视频传播途径很难收获良好的效果。因此，开展视频营销时不仅需要在公司网站开辟专区，吸引目标用户的关注，还应该与主流的门户、视频网站合作，提升视频的影响力。此外，在通过互联网进行视频营销的过程中，还可以整合线下活动资源和媒体资源进行品牌传播，进一步扩大推广效果。

除了渠道的整合之外，视频营销的模式和类型也可以进行整合。可以将微电影、音乐电视、动画视频、网络自制短剧、创意视频、贴片广告、植入式视频、网友自制视频等不同类型的网络视频模式和类型进行组合，组合成各种不同的营销方案，以满足不同渠道、不同用户、不同营销目标的要求。

2. 视频创意策略

视频创意策略是一种具有创新性的营销策略，要求视频的内容、形式等突破既有的思维定式，从构思、执行、宣传到发布的每一个环节都可以体现创意。视频创意可以有效吸引用户的关注和兴趣，获得"病毒式"的营销效果。视频的创意主要体现在两个方面，一个是内容，另一个是形式。

1) 内容

在"内容为王"的营销时代，视频内容的质量是视频的生存之本，大部分网络用户更愿意主动分享和传播经典、有趣、轻松的视频，同时这种形式也最容易形成"病毒式"扩散，"病毒营销"的前提是企业需要设计出好的、有价值的视频内容。此外，大多数脱颖而出并广为传播的网络视频，通常都具有一个共同的特点，就是具有故事性，因此一个优秀的视频一定要会讲故事，设计值得品味的开头、过程和结尾，故事情节跌宕起伏，才能吸引用户的注意。

在构思视频内容时，为了快速获得关注和热点，可以利用事件进行借势，也就是事件营销。事件营销不仅可以在线上发挥巨大的作用，而且是线下活动的热点，国内很多品牌都依靠事件营销取得了成功。在利用事件进行营销的基础上，还可以进一步实现进阶，即从利用事件发展为制造事件，即主动策划有影响力的事件。

2) 形式

形式的创新也是视频创意的重要组成部分，现在的视频形式非常多元化，精彩的创意内容与恰当的视频形式相搭配，能够获得更好的传播效果，这就需要营销人员和制作人员根据内容设计选择更加适合的视频形式，比如定位幽默、点评的视频，可以使用脱口秀的表现形式等以期获得用户的共鸣。

3. 视频连锁传播策略

视频的传播渠道是营销与运营中非常重要的一环，很多时候，单一的传播渠道往往无法取得良好的营销效果，此时，就需要采用多渠道、多链接、具有连续性和连锁性的传播方式，扩大视频的影响范围，延长影响时间。

1) 纵向连锁传播

纵向连锁传播贯穿于网络视频构思、制作、宣传、发布、传播的每一个环节，精确抓住每一个环节的传播点，配合相应的渠道进行推广。比如某企业要制作一个推广视频，制作初期可以透露视频的制作消息，包括视频热点、拍摄人员等信息，进行宣传预热；制作阶段可以剪辑一些片段发布到网上，利用各种媒体渠道和新闻渠道进行宣传；视频上线后，进一步对前期预热的效果进行扩大和升华,加大宣传的力度和深度,提高视频营销的作用。

2)横向连锁传播

横向连锁传播贯穿于整个纵向传播的过程,又在每一个环节进行横向延伸,选择更多、更热门、更适合的传播平台,不局限于某一个媒体或网站,将社交平台、门户网站、视频平台全部纳入横向连锁的传播体系,扩大每一个纵向环节的传播策略,扩大传播深度和广度,让营销效果进一步延伸,从而实现立体化营销。

4. 视频互动体验策略

基于互联网进行的营销活动,实际上就是一种关系营销,关系越牢固,营销效果就越好。视频互动体验策略是指在视频营销过程中,及时与视频用户保持互动和沟通,关注用户的体验,并根据他们的需求提供更多的体验手段。一般来说,用户体验效果越好,营销效果就越出众。

网络视频互动体验营销的前提是一个多样化的互动渠道,能够支持更多用户参与互动,常见的具有互动功能的视频网站、社交平台都可以实现沟通。同时,为了提升用户的体验,建立更牢固的关系,需要综合设计丰富的视频体验方式,比如通过镜头、画面、拍摄、构图、色彩等专业手法制作视频,为用户提供美好的视觉体验;用贴心的元素、贴近用户的角度、日常生活中的素材制作视频,优化用户的心理体验等。在保证视频本身互动性的基础上,还需要通过平台与用户保持直接的互动,包括引导用户评论、转发、分享和点赞等,让用户可以通过多元化的互动平台,自由、便利地表达自己的看法和意见。

5. 视频营销必须规避的雷区

视频内容制作门槛低,带来的结果就是人人都可以创作视频。而且,由于行业的监管缺失与创作用户的差异性,视频内容会存在信息失真、内容低俗、传播失真等乱象,有些甚至违反了法律法规,这就需要我们在利用视频开展营销时必须遵守平台的规章制度,尽量避免雷区,更好地玩转视频营销。

1)政策、法律红线不可碰

为了更好地玩转视频营销,我们必须熟知各类视频平台的要求及法律常识,尤其要遵守平台运营的基本原则和规定。

(1)**诚实使用**:使用虚假的信息创建账号、故意误导他人、干扰真实的平台数据以及其他弄虚作假的行为,将损害平台每一位用户的权益,这是不被允许的。

(2)**分享好的内容**:平台提倡分享优质的内容信息,不允许传播对他人有害、令人极度不适、不利于青少年身心健康等的不良信息。

(3)**不干扰他人**:用户自主使用视频平台的前提是不得干扰其他用户的使用,包括直接或间接的干扰。

除此之外,我们还必须注意以下政策及红线。

(1)**少违规**:对于视频号多次违规,涉嫌重大违法违规行为,或者有合理理由相信视频号存在其他可能严重损害微信用户合法权益的情况,平台可能会拒绝向该视频号及其使用人提供服务。

(2)**承担法律义务**:相关权利及义务由注册账号主体承担。

(3) **少侵权**：如果平台发现并有合理理由判断你的账号名称、头像、简介、背景图片发布的内容、评论存在较高的侵权可能性（比如信息带有权利标识但缺乏授权、内容来源明显不当），则可能会自动限制该部分信息的传播。

(4) **避免误导**：发布利用新技术（如虚拟现实、深度学习）生成或合成的非真实的音频或视频内容，应做显著标识，避免对其他用户造成误导、混淆。

2) 道德红线不可碰

视频号的道德红线主要包括以下内容。

(1) **不得传播不良信息。**

禁止传播以下不良信息：

- 违反宪法确定的基本原则的；
- 危害国家安全，泄露国家秘密，颠覆国家政权，破坏国家统一的；
- 损害国家荣誉和利益的；
- 煽动民族仇恨、民族歧视，破坏民族团结的；
- 破坏国家宗教政策，宣扬邪教和封建迷信的；
- 散布不实信息，扰乱社会秩序，破坏社会稳定的；
- 散布淫秽、色情、赌博、暴力、恐怖或者教唆犯罪的；
- 侮辱或者诽谤他人，侵害他人合法权益的；
- 煽动非法集会、结社、游行、示威、聚众扰乱社会秩序的；
- 以非法民间组织名义活动的；
- 不符合《即时通信工具公众信息服务发展管理暂行规定》及法律法规、社会主义制度、国家利益、公民合法利益、公共秩序、社会道德风尚和信息真实性等"七条底线"要求的；
- 含有法律、行政法规禁止的其他内容的。

(2) **侵犯他人合法权利的内容。**

侵犯他人合法权利的内容包括但不限于如下情况：

- 发送或传播侵犯他人知识产权的内容，如发送或传播侵犯他人著作权、商标权、专利权等的内容；
- 未经授权发布他人身份证号码、联系方式、家庭住址、微信号、照片等个人隐私资料，侵犯他人肖像权、隐私权等合法权益的内容；
- 捏造事实、公然丑化他人人格，或者通过侮辱、诽谤等方式损害他人名誉、荣誉，侵犯他人名誉权、荣誉权等合法权益的内容；
- 未经授权发布企业商业秘密，侵犯企业合法权益的内容；
- 其他侵犯他人合法权益的内容。

(3) **不实信息。**

这里所说的不实信息指没有相应事实基础，通过捏造、扭曲事实、隐瞒真相而产生的信息，包括但不限于以下内容：

- 涉及反对宪法规定的基本原则、社会主义制度，危害国家统一、主权和领土完整，泄露国家秘密，危害国家安全或者损害国家荣誉和利益等政治类不实信息；
- 煽动国家、地区、民族、种族、宗教间仇恨、歧视、误解，损害善良风俗的不实信息；
- 扰乱社会秩序、引起或可能引起公众恐慌的不实信息；

- 宣扬邪教和封建迷信的不实信息；
- 与生活常识、公众话题相关的不实信息；
- 与腾讯相关的不实信息，或者未经腾讯官方确认、披露或准许而发布的不实信息；
- 其他不实信息。

（4）**骚扰、煽动、夸大、误导类的内容。**

骚扰、煽动、夸大、误导类的内容包括但不限于以下情况：

- 标题含有危害人身安全、惊悚、极端的内容，或使用侮辱、脏话，引人不适；
- 以浮夸的描述，煽动人群要或不要去做某行为。

（5）**危害平台安全的内容。**

危害平台安全的内容包括但不限于以下内容：

- 发送钓鱼网站等信息，诱使用户上当受骗蒙受损失；
- 发送病毒、文件、计算机代码或程序，可能对平台服务的正常运行造成损害或中断。

（6）**有损未成年人身心健康的内容。**

有损未成年人身心健康的内容包括但不限于以下内容：

- 残害、虐待、体罚未成年人的内容；
- 涉及实施未成年人性侵害的内容；
- 展示校园欺凌的内容；
- 其他危害未成年人人身安全和健康的内容；
- 推销或演示可能危害未成年人人身安全或健康的玩具物品的内容；
- 含有未成年人饮酒、吸烟、吸毒行为的内容；
- 披露未成年人的个人隐私或有损未成年人人格尊严的内容；
- 展示未成年人婚育的内容；
- 宣扬和鼓励未成年人厌学弃学的内容；
- 歪曲和恶搞经典卡通形象或供未成年人观看的其他文艺作品。

（7）**令人极度不适的内容。**

令人极度不适的内容包括但不限于出现人或动物自虐、自残、自杀、被杀、吸食注射毒品或违禁药品致残以及枪击、刺伤、拷打等。

3）与企业发展相悖的内容不做

企业视频营销的内容与企业的品牌形象息息相关。企业应用视频营销的主要目的是提高品牌知名度和美誉度，进而结合其他营销方式提高品牌产品的购买率。所以，企业在玩视频营销时，应尽量避免发布有法律纠纷以及与企业发展相悖的内容。

对于企业而言，我们必须熟知法律法规。例如：《即时通信工具公众信息服务发展管理暂行规定》《互联网用户账号名称管理规定》《互联网新闻信息服务单位约谈工作规定》等法规，坚守"法律法规、社会主义制度、国家利益、公民合法权益、社会公共秩序、道德风尚、信息真实性"七条底线，不触碰法律红线、不挑战道德底线、不伤害公序良俗，弘扬主旋律，传播正能量。我们还必须遵守以下法规。

（1）**遵守广告法。**

建议大家不要使用《广告法》中的绝对化用语。除此之外，不要发布虚假广告。我国广告法第二十八条给虚假广告的定义是："广告以虚假或者引人误解的内容欺骗、误导消费者的，构成虚假广告。"

- 不能发布欺诈虚假广告：不能发布欺诈虚假广告、以骗取钱财为目的的欺诈微信广告，不能发布虚假夸大减肥、增高、丰胸、美白效果但明显无效的保健品、药品、食品类广告，不能推广假冒伪劣商品的广告。
- 不能发布违法广告：违法广告类包括但不限于贩卖毒品、窃听器、军火、人体器官、迷药、国家机密、办证、非法刻章等。

（2）避免内容低俗化。

低俗化是视频领域面临的一个普遍问题。有些企业为了达到高传播的效果，不惜用低俗视频来进行品牌宣传与推广，这样非常有损品牌的形象，建议不要用低俗的内容来传播。除此之外，还有以下两点。

- 不能涉及色情：不能发送包括但不限于以色情为目的的情色文字、情色视频、情色漫画的内容。
- 不能涉及暴力：不能散播人或动物被杀、致残、枪击、刺伤、拷打等受伤情形的真实画面，不能出现描绘暴力或虐待儿童等内容，不能出现吸食毒品、自虐自残等令人不安的暴力画面。

（3）其他。

下面是一些其他的注意事项，大家可以自行参考。

- 不能侵犯别人：不能擅自使用他人名称、头像，以免侵害他人名誉权、肖像权等合法权利。不能擅自使用他人已经登记注册的企业名称或商标。
- 不能散布谣言：不能发布不实信息，制造谣言，以免对他人、企业或其他机构造成损害。

同步实训

视频平台规则文件学习

1. 实训目的

了解常用的视频平台规则，使用过程中应遵守规则。

2. 实训内容及步骤

（1）网络学习：抖音平台相关规则文件《"抖音"用户服务协议》《抖音社区自律公约》；

（2）微信平台：《微信视频号运营规范》《微信视频号直播功能使用条款》《微信视频号直播打赏功能使用条款》《微信视频号直播行为规范》《微信视频号直播营销信息发布规范》《微信视频号直播功能禁止发布的营销信息列表》；

（3）进入虎牙直播官网学习平台规则。

任务小结

1. 常见的网络视频营销策略有视频整合传播策略、视频创意策略、视频连锁传播策略、视频互动体验策略等。

2. 开展视频营销时要做到政策、法律红线不可碰；道德红线不可碰；不做与企业发展相悖的内容。

习题

项目 11 社群营销

📌 项目概述

近年来,"社群"这个词火了起来,网友通过网络可以更加方便地找到有共同兴趣爱好或者共同价值追求的群体组织。网络世界中越来越多的群体组织的出现给市场激烈竞争中苦于寻找目标群体的企业带来了新的营销机会——"社群营销"。借助社群组织,将目标群体聚集起来,可以更加有效地开展企业精准营销。本项目将带领大家认识社群与社群营销、创建社群,策划并开展社群活动。

📌 学习目标

知识目标:
正确认识社群及社群的构成;树立社群营销的意识。
能力目标:
会搭建社群;能够进行社群运营。

📌 思政目标

了解行业规范,提升职业素养。

📌 工作任务

任务1　认识社群与社群营销
任务2　创建社群
任务3　策划并开展社群活动

任务1　认识社群与社群营销

问题引入 ▶

在新媒体运营日趋活跃的当下，社群营销以其独特的功能特性和高度自主性，成为连接用户与品牌的最快方法。在竞争越来越激烈的商业世界中，如果想找到品牌生存的机会，就需要利用好社群营销，为品牌推广打开另一扇窗。那么什么是社群营销？

解决方法 ▶

运营人员要想成功进行社群营销，需要先了解社群与社群营销的关系，掌握社群营销的理论基础才能开展社群营销活动。

任务实施 ▶

1. 社群

社群是基于一个点、一种需求和爱好把志同道合的人聚集在一起，形成的一种关系圈子。一个运营良好的社群应该拥有稳定的群体结构、一致的群体意识和行为规范，以及持续的互动关系。互联网的便利性，让社群成员的沟通和信息的传达可以不受空间和距离的限制，这不仅方便了社群成员之间的沟通，也方便了运营者的管理。在社群中，社群成员之间可以通过交流了解彼此、培养感情；社群运营者可以通过发布指令、开展社群活动明确社群成员之间的分工协作，保持社群正常运转。

现如今提及社群，一般都指互联网上以QQ、微信、自主研发的APP、小程序等新媒体平台为主所聚集的网络群体，如荔枝网、达人江湖商学院、逻辑思维等。然而，社群并不局限于此，在新媒体兴盛前，社群在社会学与地理学上的定义为：在某些边界线、地区或领域内发生作用的一切社会关系。因此，社群的形式是多种多样的。但不同社群所具有的特征却是相同的，下面分别进行介绍。

1）拥有志同道合的人群

拥有志同道合的人群是成立社群的前提。只有拥有足够多具有相同喜好、价值观的人，才能以相似的目标聚集成一个群体，继而发展为社群。例如，众多喜欢汉服的人，以交流汉服知识为目标，形成"××同袍活动群"社群。由于人的喜好、价值观、目标等各不相同，形成的社群也各不相同。

2）相同的组织架构

组织架构就是社群内由不同的社群成员和社群规则组成的社群框架，包括社群发起人、运营人员、管理人员、普通成员、组织人员、入群规则、奖惩制度等，是保证社群健康持续运营的重要因素。由于发展进程、规模、人数等的差异，不同社群的组织架构可能略有不同，如社群成立之初，它可能只有发起人、管理人员、运营人员、组织人员、社群规则等都需要后期进行补充。

项目 11　社群营销

3）有价值的内容输出

社群价值的输出是社群持续发展的重要手段。在进行社群运营时，可以通过邀请嘉宾、引导社群成员进行分享和交流、开展社群活动等方式来向社群成员输出有价值的内容，以保持社群的活跃度，提升社群成员的社群归属感，帮助社群成员成长，促进社群的发展。

4）建立高质量的子社群

目前，新媒体运营获取流量的成本越来越高，部分企业花费了大量资金引流，其运营效果却并不可观。而社群由大量喜好、价值观相同的社群成员组成，其运营成本相对较低，可以通过社群成员的口碑传播为社群带来更多用户。当社群发展到一定程度时，就可以从社群中挑选出管理人才，在他们的带领下创建子社群，通过复制已有社群的运营模式来进行社群的裂变最终扩大社群的规模。子社群的数量、质量，也在一定程度上影响着社群的发展。

【课程思政】——
了解行业规范，提升职业素养

《互联网群组信息服务管理规定》

2. 社群经济

随着经济的发展，用户在满足基本的生理与安全需要后，开始追求情感和归属的需求，如附着在产品功能之上的口碑、文化、个人魅力、情怀等的需求。因此，企业可以通过塑造品牌口碑等方式，获取用户的信任，聚集认同企业文化、被企业魅力所吸引的用户，建立社群。通过社群成员之间的分享、交流，建立情感连接。

当社群发展到一定程度后，就出现了社群经济。**社群经济是指通过社群达成交易，使产品和用户之间建立情感联系，通过产品和用户共同的作用，将三者联合起来，打造一个自主运转、自主循环的经济系统。** 如小米手机、锤子手机等产品的社群，都是汇集喜爱该产品的用户形成的社群，通过对产品的再运营，吸引更多用户关注，建立情感连接，培养成员的信任感，打造出鲜明的企业品牌，再将个人魅力和口碑附着在产品之上，为产品赋予独特的价值。

社群经济时代，粉丝是产生价值的关键性因素，而促成粉丝产生消费行为的关键则是其对品牌的信任和感情。因此，企业要重视将用户转化为粉丝，将粉丝转化为实际的用户。这就要求社群的内容对用户有吸引力，能够让用户自愿成为社群的成员，进而参与社群发布的一系列商业活动，甚至社群成员也会慢慢转变为社群产品的"生产者"。这就实现了社群经济时代用户向粉丝的转变，这也就是拥有大量粉丝的个人或企业更容易开展社群活动的原因。

3. 社群营销

在社群和社群经济发展的基础上自然而然发展出了**社群营销，它是指商家或企业为满足用户需求通过微博、微信、社区等各种社群推销自身产品或服务，而形成的一种商业形态**。它主要依赖于社群关系，通过社群成员之间的多向互动交流，让信息和数据以平等互换的方式进行营销。社群中的每一个成员都能够成为信息的主动传播者，他们可以进行各种信息的分享与交流，通过互动的方式创建生态环境更加健康的社群，并使社群朝着稳定的方向发展，从而吸引更多具有相同兴趣、价值、主张和爱好的人员，扩大社群规模，最终提高社群营销效果。

社群营销与其他营销方式不同的是，它是一个通过社群成员的信息分享进行自我创造，进而实现社群自我运营的营销方式。社群成员的参与度和创造力是促进社群运转的前提条件，因此社群要想长久地生存下去，还要进行社群成员的更替，替换掉那些不能为社群产生价值的成

199

员，加入更多愿意并能够为社群创造价值的成员，以保持社群的活力，同时也使社群的组织结构更加完整，保证社群营销效果的最大化。

社群具有非常丰富的资源与多样性，可以激发社群成员展开创造，发挥组织能力，促使社群产品、服务、功能等更加完善，促进社群经济的发展。也可以说社群营销是通过社群的自生长、自消化、自复制能力来实现运转，并以社群成员的创造机制为链条进行发展并打造营销效果的。

4. 社群营销的必要条件

社会要素组织形式和专业模式的创新再造，让社群经济成为改变未来趋势的经济模式，同时，众多社群的成功营销案例也为企业和个人提供了更加明确的营销方向。建立社群并不难，但要让社群成功运营，则必须具备以下几个条件。

1) 社群定位

社群是由一群有共同兴趣、认知、价值观的成员组成的，社群成员在某方面的特点越相似，就越容易建立起相互之间的感情联系。因此在建立社群之前，必须先做好社群定位，明确社群要吸引哪一类的人群。比如小米手机的社群，吸引的是追求科技与前卫的人群；"罗辑思维"的社群，吸引的是具有独立和思考标签的人群；豆瓣的社群，吸引的是追求文艺和情怀的人群。当社群有了精准定位之后，才能推出契合粉丝兴趣的活动和内容，不断强化社群的兴趣标签，给社群用户带来共鸣。

一般来说，社群定位要基于社群的类型和企业的性质。按照产品形式，可以将社群划分为产品型社群、服务型社群和自媒体社群等；按照划分范围，可以将社群分为品牌社群、用户社群和产品社群。当然，不管如何对社群进行划分，都是为了确定社群的定位，保证社群既能满足成员特定的价值需求，也能为社群运营人员带来回报，形成良好的自运行经济系统。

为了更好地进行社群的定位，在建立社群之前，运营者首先要明确建立社群的目的。每一个社群可能有不同的价值，但其目的大多比较类似，如销售产品、提供服务、拓展人脉、打造品牌、提升影响力等，确定了建立社群的目的，更方便社群的定位。

2) 吸引精准用户

企业要想进行精准的营销，就必须拥有精准的用户，因此任何营销推广的前提都是对精准用户的细致分析，了解目标用户的消费观念、地域分布、工作收入、年龄范围、兴趣爱好和工作环境等。因此了解用户是与社群定位相辅相成的，了解用户可以更方便地对社群进行定位，而准确的社群定位更有利于吸引精准的用户人群。

3) 维护用户活跃度

社群成员之间的在线沟通大多通过微信、QQ、YY等社交群，也可以用微信公众号、自建APP或网站。对于社群运营而言，能否建立更加紧密的成员关系直接影响到社群最终的发展，因此社群活跃度也是衡量社群价值的一个重要指标。现在大多数成功的社群运营已经从线上延伸到线下，从线上资源信息的输出共享、社群成员之间的优惠福利，到线下组织社群成员的聚会和活动，其目的都是为了增加社群的凝聚力，提高用户活跃度。

4) 打造社群口碑

口碑是社群最好的宣传工具，社群口碑与品牌口碑一样，都必须依靠好产品、好内容、好服务进行支撑，并经过不断的积累和沉淀才能逐渐形成。一个社群要打造良好的口碑影响力，

项目 11　社群营销

必须先从基础做起，抓好社群服务，为成员提供有价值的内容，然后逐渐形成口碑，带动成员自发传播并扩大社群，逐渐建立以社群为基础的圈子，社群才能真正得到扩大和发展。

同步实训

果壳网社群分析

1. 实训目的

了解社群运营的必备条件。

2. 实训内容及步骤

（1）通过百度百科、知乎、百家号等平台搜索有关果壳网社群的文章、问答等，了解果壳网社群的基本信息，如创建时间、主要用户、创始人等。

（2）浏览果壳网官方网站中不同板块的资料、文章等，了解果壳网社群的定位，了解该社群吸引的目标用户具有的共同特点。

任务小结

1. 社群是基于一个点、一种需求和爱好把志同道合的人聚集在一起，形成的一种关系圈子。

2. 社群经济是指通过社群达成交易，使产品和用户之间建立情感联系，通过产品和用户共同的作用，将三者联合起来，打造一个自主运转、自主循环的经济系统。

3. 社群营销，它是指商家或企业为满足用户需求通过微博、微信、社区等各种社群推销自身产品或服务，而形成的一种商业形态。

4. 开展社群营销需要做好社群定位、吸引精准用户、维护社群中的用户活跃度及打造良好的社群口碑。

问题引入▶

互联网正从"物以类聚"走向"人以群分"的时代，很多人只是建了群，但没有建立社群，而进行社群营销前，必须先建立一个社群，如何真正创建一个完整的社群呢？

解决方法▶

创建一个完整的社群，需要对社群的名称、口号、视觉、结构、规则等进行设置，使社群成员认可社群的价值观，产生认同感，从而在社群中创造价值，达到社群营销的目的。

任务实施

1. 设置社群名称

社群名称是用户对社群的第一印象,是用户了解社群的首要途径。社群成员可以通过社群名称进行社群品牌的传播和宣传,吸引更多具有相同爱好和价值观的用户成为社群的新成员。设置社群名称是建设社群的首要任务,其方法主要有两种,下面分别进行介绍。

(1) **从社群的核心构建点来命名**。社群的核心构建点是形成社群的主要因素,也是社群区别于其他社群的核心竞争力。如以社群灵魂人物构建的社群就常以社群灵魂人物为延伸来取名(罗辑思维的罗友会);以产品为延伸来命名,如小米手机的"米粉"群等;以服务为延伸来命名,如定位为健康社交的员方瑜伽等。这种以社群核心竞争力为延伸来命名的方法不容易让新用户识别,适合已经拥有大量粉丝的社群。

(2) **从目标用户的需求来命名**。根据目标用户群体的需求,在社群名称中加入能够吸引用户的关键词,方便用户辨认和识别,如××健身交流社、××英语学习群等。

两种取名方法各有优缺点,可结合这两种方法来取名,既方便用户辨认,又能够突出其核心竞争力,如秋叶PPT等。需要注意的是,社群名称应遵循定位精准、适宜传播、简单明了的原则,切忌出现生疏冷僻词汇、使用宽泛词汇、频繁改名。

2. 确定社群口号

社群口号指社群用于宣传的广告口号或标语,可以是一句话或一个短语,最好能令人印象深刻,具有特殊意义。社群口号对于一个社群而言非常重要,可以起到宣传品牌精神、反映社群定位、丰富成员联想、清晰社群名称和标识等作用。好的社群口号,不仅可以向用户传达社群的核心竞争力,展现社群的个性魅力,激发用户的兴趣,还能够引起用户的共鸣和认同,吸引更多认同该口号的用户加入社群,成为社群的忠实成员,并以此作为社群的精神追求。社群口号的确定可从以下3个方面进行。

(1) **功能特点**。通过一句话来描述社群的功能或特点,简洁且直观,非常容易让用户理解,如"互帮互助,学好PPT""每日分享,读懂那些你来不及读的书"等。

(2) **利益获得**。直接以社群能够带给用户的利益作为口号,可以吸引对该利益感兴趣的用户,并使用户为了该利益而不断为社群做出贡献。如行动派社群的口号是"做行动派,发现更好的自己"。

(3) **情感价值**。以精神层面的情感价值作为社群口号,可以吸引认可社群价值观的用户群体。这种精神层面的追求往往具有一定的延伸性,不仅能够吸引更多志同道合的社群成员,还能对社群品牌和定位进行宣传,是社群口号更高层次的追求,如南极圈社群的口号"做对腾讯人最有用的圈子"。

社群口号可以随着社群的发展,结合社群特点适当进行调整。一般来说,社群在建立的初期常以功能特点、利益获得作为社群口号的出发点,以快速吸引用户加入社群,占据市场领先地位。而发展到一定阶段的社群或具有一定成熟度的社群,则会根据社群已经具有的知名度,从情感价值方面确定社群口号,以占据市场中的竞争优势地位,增强自己的核心竞争力。

3. 设计社群视觉标识

社群视觉标识即为区分不同社群的标识元素,如LOGO、徽章等,一般在社群名称、社群口号的基础上进行设计，可作为线上线下活动的标识物，用于聚集社群成员。

社群视觉标识中，最具代表性的就是社群LOGO，如图11-1所示。在社群LOGO的基础上，社群可以设计并制作其他的视觉元素，如邀请卡、胸牌、旗帜、纪念品等，以用于社群各种线上线下活动的开展，逻辑思维社群线下活动旗帜，如图11-2所示。

图11-1　社群LOGO

图11-2　罗辑思维社群线下活动旗帜

4. 明确社群结构

由于社群成员之间拥有的特质各不相同，因此，社群存在着多样性，社群成员在一个结构良好的社群中也被分为社群创建者、社群管理者、社群参与者、社群开拓者、社群分化者、社群合作者、社群付费者7种角色，下面分别进行介绍。

（1）**社群创建者**。社群创建者是社群的初始创建人，一般为具有人格魅力、专业技能、出众能力的人，具有一些吸引用户加入社群的特质，能够对社群的定位、发展、成长等进行长远且正确的考虑。

（2）**社群管理者**。社群管理者就是社群中负责管理各项事务的人员。社群管理者应具备良好的沟通、协调、决策与执行能力，拥有大局观能公正严明、以身作则。由于社群的特殊性，社群管理者大多要求在线上完成工作，无法与社群成员面对面沟通，因此这对社群管理者应变能力的要求也非常高。

（3）**社群参与者**。社群参与者即社群中的普通成员，其风格可以多样化，但要能参与到社群活动和讨论中。引入多种风格的社群参与者往往能激发社群的活跃度，提高社群成员的参与热情，保证社群健康长久地发展。

（4）**社群开拓者**。社群开拓者是社群的核心发展力量，必须具备能谈判、善交流的特质。社群开拓者可在不同平台对社群进行宣传和交流，为社群注入新鲜血液，并促成社群的各种商业合作。

(5) **社群分化者**。社群分化者是社群大规模扩张的基础，指能将建立的社群发展起来，成立子社群的人群。社群分化者一般具有非常强的学习能力，能够深刻理解社群文化并参与社群的建设，是社群裂变的关键性人员。

(6) **社群合作者**。社群合作者是与社群彼此认同、理念相同、具备同等资源，以达成互惠互利的企业或组织，其与社群的关系可以是资源的互换、经验的分享、财力的支持等。

(7) **社群付费者**。社群付费者就是通过缴纳一定的费用加入社群的成员，能为社群的发展提供资金支持，能积极参与到社群的活动中去，保证社群的活跃度。

5. 制定社群规则

要想保证社群的长期发展，就需要制定与社群定位相符的规则，约束社群成员的行为，并在实际运行中对规则进行验证与完善。根据社群运营的不同阶段，社群规则可分为引入规则、日常规则、激励规则和淘汰规则4种。

1) 引入规则

一个社群想要快速发展，就必须吸引用户加入社群，使其成为社群成员。为保证社群的顺利发展，在引入社群成员时，必须设立一定的门槛，淘汰掉不符合规则的人群，避免运营后期出现大量不活跃成员。一般来说，社群成员的引入规则主要有5种方式。

(1) **邀请制**。邀请制是指通过群主或管理员邀请他人加入社群，使其成为社群成员，适用于规模较小或专业领域较强的社群圈子。邀请制社群对社群成员的能力要求较高，并可能有一些附加的条件，成员必须在群中体现出自我的价值。这种社群引入规则可以在社群创建之初就保证社群的质量，使社群始终高效、有序地运转，但由于要求较高，社群成员的数量一般不会太多。

(2) **任务制**。任务制是指某人必须完成某项任务才能成为社群的成员。任务制社群受社群的规模性质等的影响，任务的难度有高有低，如一些规模较大的社群可能将填写报名表、注册会员转发集赞等作为考核任务，而一些专业性较强的社群则可能将提供作品、证书等作为考核任务。

(3) **付费制**。付费制是指支付社群规定的费用后成为社群成员。不同社群的费用不同，社群可根据其定位与资源来进行定价。一般来说，收费越高的社群，质量也越高。

(4) **申请制**。申请制是指用户通过社群发布的公开招募信息，投递简历，经过书面、视频面试等步骤，成为社群成员。这种引入规则要求申请者具备一定的才能，才能在众多竞争者中脱颖而出。

(5) **举荐制**。举荐制是指通过群内成员的推荐成为社群成员，适合于知识型或技能型的社群，但群内成员的举荐名额一般都有限制。这种引入规则，要求推荐人事先向被引入者介绍社群，新成员才可以更好地融入社群中。而当被引入者遇到问题时，推荐人也会因为责任，率先帮助被引者解决问题。举荐制方便了社群的管理，减少了社群管理者的工作量，提高了工作效率。

2) 日常规则

日常规则是指对加入社群的社群成员的日常行为的一系列规范，一般展示在群公告中。日常规则一般包括名称规则、交流分享规则和其他规则3个方面，下面分别进行介绍。

(1) **名称规则**。名称规则包括社群命名规则和社群成员命名规则。好名称、符合要求的名称能树立社群规范、正面的形象，加深社群成员之间的相互了解。

（2）**交流分享规则**。交流分享规则可以保证社群良好的沟通和交流，促进信息的传播，加强社群成员的互动，提高社群活跃度，促进社群发展。其中，交流规则必须包含交流时间、交流格式、交流礼仪、交流疑问解决、交流争论解决、交流处罚、投诉渠道 7 个方面的内容。分享规则必须包括分享过程疑问解决、分享处罚、分享争议讨论、分享礼仪 4 个方面的内容。

（3）**其他规则**。其他规则是指社群日常运营中可能遇到的其他问题的行为规范，如对通过社群添加个人好友、社群意见反馈等行为的规范。

3）激励规则

设置恰当的激励规则，可以提高社群成员的活跃度、参与度，增加社群的凝聚力。社群激励规则一般包含考核规则和奖励规则两个部分。

（1）**考核规则**。对社群成员的相关行为进行考核，可结合日常规则使用积分制度，将社群成员的行为通过积分的形式展示，定期进行考核。

（2）**奖励规则**。对考核成绩优秀的社群成员进行奖励，其形式可以是现金、物质、优惠等。

4）淘汰规则

随着社群的发展，为保证社群成员的质量，应对社群成员进行选择，将活跃度不高、不利于社群发展的成员淘汰，留下对社群有贡献、积极参与社群活动的成员。社群淘汰规则有 3 种方法，分别是人员定额制、犯规剔除制、积分淘汰制。

（1）**人员定额制**。人员定额制是指将社群成员人数限制在固定人数内，如 150 人。当人数达到限额时，则剔除一些活跃度、参与度都比较低的成员，以保证社群始终处于活跃状态。

（2）**犯规剔除制**。犯规剔除制是指将违反社群规则的社群成员淘汰掉。为保证社群的正常秩序，可根据犯规次数及程度设置不同惩罚，如对首犯且程度低的社群成员予以警告，将屡教不改或程度重的社群成员剔除等。

（3）**积分淘汰制**。积分淘汰制是指对社群成员的行为给予积分奖励或惩罚，设置积分标准线，定期统计成员积分，将积分不足的成员剔除，重新引入新成员。

同步实训

创建一个学习社群

1. 实训目的

掌握社群创建步骤。

2. 实训内容及步骤

（1）设置具体的社群名称、群口号、群 LOGO。

（2）为该社群创建社群规则并划分社群结构。

任务小结

1. 创建一个完整的社群，需要对社群的名称、口号、视觉、结构、规则等进行设置。
2. 社群口号是社群用于宣传的广告口号或标语。
3. 社群成员在一个结构良好的社群中也被分为社群创建者、社群管理者、社群参与者、社群开拓者、社群分化者、社群合作者、社群付费者 7 种角色。
4. 根据社群运营的不同阶段，社群规则可分为引入规则、日常规则、激励规则和淘汰规则 4 种。

任务3　策划并开展社群活动

问题引入 ▶

在成功建立社群后，要想保持一个社群的活跃度，必须进行策划并开展社群活动，这样才能保证社群的健康持续发展。在社群营销过程中可以开展哪些社群活动呢？

解决方法 ▶

策划并开展社群活动是保持社群活力和生命力的有效途径，也是加强社群成员感情联系、培养社群成员黏性和忠诚度的有效方式。社群活动可以多样化，分享、交流、签到、福利、线下聚会等都是社群活动的常见形式。

任务实施 ▶

1. 社群分享

社群分享是指分享者向社群成员分享一些知识、心得、体会、感悟等，也可以是针对某个话题进行的交流讨论。要做一次成功的分享，需要考虑以下 10 个环节。

（1）**提前准备**。专业知识或经验分享模式要邀约分享者，并要求分享者根据话题准备素材。话题分享模式要准备话题，并就话题是否会引发大家讨论进行小范围的评估，也可以让大家提交不同的话题，由话题主持人选择。

（2）**反复通知**。如果确定了分享的时间，就应该提前在群里多发布几次消息，提醒群成员按时参加，否则很多人会因为工作而选择屏蔽消息，错过活动通知。如果分享的内容特别重要，甚至可以采取群发或一一通知的手段。图 11-3 所示为朋友圈的群分享通知。

（3）**强调规则**。如果在群分享前，群中有新成员进入，由于他们不清楚分享的规则，往往会在不合适的时机插话，影响嘉宾的分享，因此在每次分享开场前都需要强调规则。如果是 QQ 群，可以在分享规则时临时禁言，避免规则提示被快速刷掉。小助手们要做好分工，分配好各自的任务，各司其职。

（4）**提前暖场**。在正式分享前，应该提前打开群禁言，或者主动在微信群说一些轻松的话题，引导大家上线，营造交流的氛围。一般一个群上线的人越多，消息滚动得就越快。

（5）**介绍嘉宾**。在分享者出场前，需要社群中有一个主持人做引导，介绍分享者的专长或资历，让群成员进入正式倾听的状态。

（6）**诱导互动**。不管是哪种分享模式，都有可能出现冷场的情况，因此分享者或话题主持人要提前设置互动诱导点，而且要适当有点耐心等待别人敲字；很多人是手机在线，打字不会太快。如果发现缺乏互动，需要提前安排几个人赶紧热场，很多时候要有人开场带动气氛。

（7）**随时控场**。若是在分享的过程中有人干扰，或提出与分享主题无关的内容，这个时候需要主持人私聊提醒，引导这些人服从分享秩序。

（8）**收尾总结**。分享结束后，要引导群成员就分享做一个总结，甚至鼓励他们去微博、微信朋友圈分享自己的心得体会。这种分享是互联网社群运营的关键，也是口碑扩散的关键。

（9）**提供福利**。在分享结束后，可以给总结出彩的朋友、用心参与的朋友提供福利，以吸引大家参与下一次分享。

（10）**打造品牌**。分享的内容进行整理后，可以通过微博、微信公众号等新媒体平台发布、传播。很多社群做在线分享，但是没有打造分享的品牌，这些活动就没有形成势能，也没有考虑把品牌活动的势能聚合到可以分享的平台上，这就造成了口碑的流失，导致社群品牌积累的流失。

图 11-3　朋友圈的群分享通知

2. 社群交流

社群交流的形式是主持人找一个话题，让每一个成员都参与进来，通过相互的讨论获得高质量的输出。我们可以从以下3个阶段准备一次群讨论。

1）讨论准备时

（1）**参与者**。

一旦参与讨论的群有多个，需要建立内部管理组，小组内有重要信息要及时沟通、做出决策。小组成员最重要的角色有3个：组织者、配合人和小助手。一般来说，谁有好的话题和想法，谁就担任本期的群讨论组织者；新人进行主持的过程中，需要一个比较有经验的人全程配合，一旦出现意外情况，可以及时帮忙；协助组织者和配合人做一些细小的琐事，同时活跃气氛，带动整个社群的讨论。

（2）**话题**。

每一场讨论的流程可以固定，但最难的往往是话题的确定，一个话题的优质与否基本上决定了这场讨论能否活跃。确定好话题之后，接下来就是在社群中进行预告，并提前调研群成员关注的问题写好互动稿。

（3）**讨论时间**。

在写好预告之后，接着就是发布预告，告诉社群成员在什么时间点来参加讨论。一般需要进行3次时间预告。前一天21:00—23:00、第二天12:00—13:00、讨论开始前的1个小时,这3个时间段是经过调查得出的比较合适的通知时间段。

确定好了讨论的时间,组织者就需要提前安排时间,避免因为有别的事而无法组织互动问答。

2)讨论进行中

如果已经做好了充分的准备,那么接下来的整场讨论就可以按照互动稿上的内容进行,不过需要注意根据情况进行适当变动。

社群的交流流程一般为:开场白→抛出问题→提出自己的见解→诱导互动→总结结尾→发送福利→为下一次讨论制造悬念。

如果发现群讨论缺乏互动,就需要赶紧安排几个人热场。很多时候需要有人在开场时带动一下气氛。还可以将较好的发言分享到其他群,供其他人学习。

3)讨论结束后

(1)对本次分享的学员发言进行汇总。

汇总完成之后,可以修改一下汇总文档的标题。确认无误后,再上传到群共享,同时在群里发布通知,告诉群成员分享的内容已经整理上传,没有参加讨论的人可以下载观看。

(2)对本次组织的讨论进行总结。

结束后要及时总结才能不断进步。总结完之后,发到管理组和大家一起分享,一方面让大家提意见,另一方面通过这个总结的过程可以看到自己的优势或不足,为下一次的主持积累经验。

3. 社群福利

社群本身的基金或与赞助商合作争取到的福利,也是帮助激发社群活跃度的一个利器。

一般而言,社群的福利主要有以下5类。

❶ 物质类。比如书籍、年货、合作商赞助的小礼品等。

❷ 经济类。比如团购福利。

❸ 学习类。网络精品课程。

❹ 荣誉类。比如表现优异的成员的晋级。

❺ 虚拟类。有些福利不是实际的商品或钱财,而是在自己社群体系下的某一些规则,常见的有积分、优惠券等。

4. 社群打卡

在网络中,"打卡"这个动词用来提醒为戒除某些坏习惯所做的承诺,或为了养成一个好习惯而努力,而"社群打卡"就是社群中的成员为了养成某一个习惯所采取的某一种行为,如图11-4所示。

在社群中,"打卡"活动的作用有以下3个方面。

第一,在社群中打卡意味着一种承诺,是对很多人的一个公开宣誓和承诺,这比实际生活中宣称接受同事监督更贴近心灵深处,作用更大。

第二,在社群中打卡代表一种态度,代表这件事的重要程度,代表执行的认真程度,这也就决定了这件事情的结果。

项目 11　社群营销

图 11-4　社群打卡

第三，在社群中打卡有助于养成良好习惯，因为打卡就是在培养好习惯而克服坏习惯。习惯的培养和克服有它自身的规律，打卡是一种有效地养成好习惯的方式。

作为打卡社群，应该拥有严谨的规则，保证社群成员坚持打卡，积极实现个人目标。打卡规则可以从以下 4 个方面进行设置。

（1）**押金规则**。押金规则是指加入社群前，需缴纳一定押金，在规定时间内，若完成目标则退还押金；未完成任务的成员的押金，则自动转为奖金，按比例奖励给表现优异的成员。使用押金制度时，可设置相应的积分规则，在初始积分的基础上进行加减，对最终的积分进行比较。

（2）**监督规则**。监督规则是指社群管理者对打卡情况进行统计、监督、管理，定期将整个社群的打卡情况以图片、消息、文档、群公告的形式发送到社群中，激励社群成员坚持打卡。

（3）**激励规则**。激励规则是指定期给予表现优异的社群成员奖励，以激发社群成员的积极性。奖励的形式多种多样，可以是红包、徽章、头衔等。

（4）**淘汰规则**。淘汰规则是指将打卡完成度低的社群成员淘汰，或给予惩罚，或让其通过某种方法弥补。

打卡规则可根据打卡的进程，从打卡情况中总结优劣势，对其进行优化、升级，保持社群成员打卡的积极性。对于社群来说，打卡不但能够通过成员高质量的输出来保持质量，还能提高社群的活跃度。

5. 社群线下活动

人与人之间建立信任最有效的方式不是网上聊天，而是见面。在大部分人的观念里，线下的见面聊天总是要比线上更真实，与其在线上聊10次，不如见面聊一次。

线下的聚会一般分为以下3种。

（1）核心群大型聚会。

组织线下聚会，首先要确定人数，然后协调时间，最后策划如何让大家的聚会更有趣、有价值。因为这样的线下聚会比较麻烦，所以每年举办两次就可以了。

（2）核心团队小范围聚会。

基于小区域几个人小聚，能聊的事情比较多，也不会陌生，一起吃吃饭，随便聊随便玩，很适合小分队。

（3）核心+外围社群成员聚会。

这种聚会方式要依据社群的组织模式，如吴晓波各地的读书会可能每月或每周都有活动，规模越大越复杂，如图11-5所示。

好的社群已经开始在线下组建俱乐部。有了线上到线下的连接，这背后的商业转换就更有可能了。

图11-5 吴晓波各地书友会社群线下活动

同步实训

"十点读书会"社群活动分析

1. 实训目的

掌握开展社群活动的方法。

2. 实训内容及步骤

（1）网络学习"十点读书会"社群运营资料。

项目 11　社群营销

（2）分析"十点读书会"社群是如何通过策划社群活动来打造社群品牌知名度的。

任务小结

策划并开展社群活动是保持社群活力和生命力的有效途径，也是加强社群成员感情联系、培养社群成员黏性和忠诚度的有效方式。社群活动可以多样化，分享、交流、打卡、福利、线下聚会等都是社群活动的常见形式。

习题

模块 3 网络营销实战

● 模块概述

网络营销除了使用 SEO、微信营销、APP 营销、软文营销、微博营销、二维码营销、事件营销等方法外，还可以使用百度推广和论坛推广。本模块通过实战案例的方式，整合多种网络营销方法，进行产品营销。

● 内容构成

项目 12　实战案例——
　　　　《网络营销——概念、工具、方法、实战》图书的推广与营销

项目 12

实战案例——《网络营销——概念、工具、方法、实战》图书的推广与营销

● 项目概述

前面介绍了很多网络营销的手段，本项目以实战的方式，整合前述的各种网络营销的方法，读者学后，可以融会贯通，举一反三。

● 学习目标

知识目标：
掌握整合网络营销手段的方法。

能力目标：
会整合相关网络营销的手段进行产品推广与营销。

● 工作任务

实战 1　使用百度推广
实战 2　使用问答推广
实战 3　使用论坛推广
实战 4　使用微信营销
实战 5　使用微博营销
实战 6　使用二维码营销

实战1　使用百度推广

在实际进行产品推广和营销时，不能只运用单一的网络营销方法，而是应该综合运用适合的各种方法，才能取得最佳的效果。对于图书来说，百度百科是一个很适合做推广的地方，毕竟百度百科的东西有很多是具有权威性的，大家比较信赖。

1. 了解推广产品内容

在做营销推广之前，首先要了解产品的内容，如果营销推广者都不了解内容，那将很难说服别人购买产品。

1）图书简介

《网络营销——概念、工具、方法、实战》是关于网络营销的入门教材。教材依据课程特点结合高职学生的认知规律和学习习惯采用"模块—项目—任务"的编写体例，包括网络营销概述、网络营销工具和方法、网络营销实战三个模块。其中网络营销工具和方法模块中包含SEO营销、微信营销、APP营销、软文营销、微博营销、二维码营销、事件营销、网络视频营销、社群营销等常用的网络营销方法。

教材将知识学习和技能训练有机结合，融"教、学、训"三者于一体，适合"项目化、理论实践一体化"的教学模式。教材讲解翔实，文字通俗易懂，图文并茂。同时，在课程网站上提供了完备的教学资源。

《网络营销——概念、工具、方法、实战》可作为电子商务、市场营销及相关专业或营销培训班的教材，也可作为网络推广和营销人士、移动互联网营销从业者的专业技术参考书。

2）教材特色

（1）打破传统学科模式的编写体例。

按照模块、项目、工作任务、项目小结、习题来组织教材内容。以工作任务为中心整合网络营销理论与实践，实现"教、学、做"合一，遵循"必需、够用"的原则选取理论知识的内容。

（2）突出学生实践能力的培养。

从内容选取、教学方法、学习指导等方面体现项目课程改革的思路，强调学生应用能力的培养。教材通过工作任务的设置、相关实训的拓展等环节的安排，强化学生技能的训练。

（3）彰显高职教材实用性的特点。

教材以工作任务的解决过程辅以相关理论学习的方式，教授学习者使用工具开展网络营销，由浅入深地指导学习者有效地掌握网络营销实用技术。教材概念准确、图文并茂、通俗易懂，便于教师教学及学生学习。

3）图书结构

《网络营销——概念、工具、方法、实战》改革传统的知识体系，以职业核心能力培养为主线，以项目为载体，按照工作任务逻辑构建教学内容，将教学内容设计为"网络营销概述""网络营销工具和方法"和"网络营销实战"三个层次递进的模块，每个模块划分为若干项

项目12　实战案例——《网络营销——概念、工具、方法、实战》图书的推广与营销

目,各项目以教学任务形式组织内容。教材分为三个模块共12个学习项目。各模块具体内容如下:

模块1　网络营销概述,主要包含初识网络营销、网络市场调查与分析。

模块2　网络营销工具和方法,主要包含 SEO 营销、微信营销、APP 营销、软文营销、微博营销、二维码营销、事件营销、网络视频营销和社群营销。

模块3　网络营销实战,主要包含实战案例。

2. 创建词条

首先,进入百度百科官网,找到"注册"并单击,注册一个百度账号。有了账号之后,在百度搜索条中输入书名单击"进入词条",搜索词条收录情况,如图 12-1 所示,若未被百度百科收录,则可以创建词条,然后单击"我来创建",就可以创建一个词条了,如图 12-2 所示。

图 12-1　搜索词条收录情况

图 12-2　创建词条

百度词条
编辑须知

3. 撰写词条概述

选择词条类别,如图 12-3 所示,然后开始撰写概述。概述一定要突出图书的特点,才能让读者有往下读的兴趣,如果有图,最好加上图,图文并茂能让读者更直观的感受图书的魅力。输入这本书的概述,然后上传这本书的封面,编写过程中可以使用最上面的工具条进行文字排版,也可以插入参考资料和内链,如图 12-4 所示。

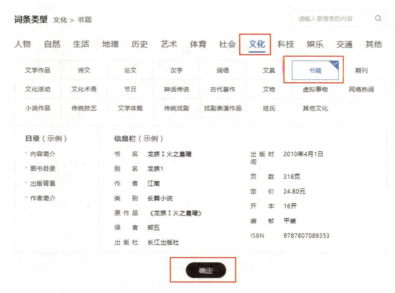

图12-3　选择词条类型

图12-4　撰写概述

4. 填写基本信息栏

在填写基本信息栏时，一定要抓住人们关注的重点。对于图书，一般读者都关注书名、作者、页数、定价、字数、出版时间、出版社、开本、ISBN等信息。在百度百科的信息栏填写这些信息，注意越详细越好，这样读者能一目了然，如图12-5所示。

5. 填写正文

填写"内容简介""教材特色""图书结构""作者简介""购书平台"等模块来完善图书在百度百科中的内容，如图12-6所示。

项目 12　实战案例——《网络营销——概念、工具、方法、实战》图书的推广与营销

图 12-5　填写图书信息栏

图 12-6　填写正文

完成填写正文以后，就可以提交词条，如图 12-7 所示。

图 12-7　提交词条

219

完成以上步骤并通过审核后，就可以在百度百科上找到自己的词条，后期不需要花费很多时间来维护，甚至可以不用打理它。

总的来说，百度百科推广是持久性的，审核通过后，只要内容完整，就无须再打理，是一种很省时间并且不需要花费太多精力的推广方式。

实战2　使用问答推广

问答推广现在比较流行，最常见的就是有人遇到困难，就借用网络各种平台提问，希望有经验的人解答。在做问答推广之前，先做好前期准备。第一，设置好问题："什么是网络营销""有哪些常用的网络营销方法""谁能推荐几本学习网络营销的书籍"等。总之，问题的设置追随大众的搜索习惯即可。第二，多准备几个账号，可以自己多注册几个或者向朋友借几个使用，账号的级别越高越好。第三，多选择几个问答平台投放问题。

1. 在问答平台上提交问题

以"搜狗问问"为例，注册几个搜狗问问账号，然后在搜狗问问上提交问题，过段时间后用不同的账号在另一台计算机上回答自己的问题，再过几天就将自己的答案设置为最佳答案，如图12-8所示。

图12-8　搜狗问问问答推广

2. 持续投放问题及回答

用5个左右的固定搜狗问问账号，每个账号大概一个星期投放2~4个问题，然后用另外5个账号专门作为回答的账号。这些账号不只可以回答自己的问题，还可以在搜狗问问的"职业教育"栏目上筛选出关于网络营销的问题来回答，这样既可以提升自己账号的等级，又可以推广自己的图书。

项目12　实战案例——《网络营销——概念、工具、方法、实战》图书的推广与营销

实战3　使用论坛推广

论坛一直都是网络上人气很旺的地方。论坛推广是指针对某类指定论坛进行系统营销宣传和长期内部渗透，最终达到宣传企业品牌、加深市场认知度的网络营销活动。下面以典型的论坛——"百度贴吧"为例，介绍论坛推广方式。

❶ 注册几个百度账号，然后在百度贴吧里寻找关于网络营销的贴吧，尽量选择人气比较高的贴吧。这里选择"网络营销吧"，因为吧内主题数和帖子数都非常高。

❷ 进入"网络营销吧"后，在页面的底端发帖子，设置标题为"【网络营销学习关注】网络营销初学者必读"，设置内容为："学习网络营销首先要使用工具，说简单点网络营销就是使用工具和策略在互联网或移动互联网上开展活动，让更多的网民知道你的产品或服务或品牌，最终选择你的产品/服务/品牌。初学者感觉学习比较吃力，其实是因为没找到合适的网络营销学习书籍，我是一名高职生，学校里老师给我们上网络营销课程时，使用《网络营销——概念、工具、方法、实战》这本教材，北京理工大学出版社出版，作者金静梅，教材为'十三五'职业教育国家规划教材，这是本教学做一体化教材，教材讲解翔实，文字通俗易懂，全书图文并茂，资源丰富，扫描教材中的二维码就能获取到很多实用干货，每种营销工具方法都有配套同步实训，实战性强。教材还注重学生人生观，职业观，社会主义核心价值观的引领"，设置完成后单击"发表"按钮即可，如图12-9所示。

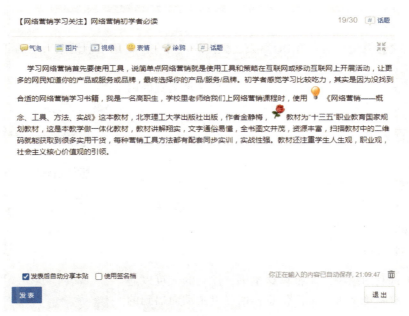

图12-9　百度发帖过程

❸ 发布后立即可以在"网络营销吧"首页看到自己发布的帖子，如图12-10所示。接下来，就可以开始用自己的小号开始回复。

图 12-10 百度发帖成功

注意，由于贴吧中的回复不能设置链接，有时候需要与其他会员私信，告诉他们一些网络营销的书籍购买地址，在回复的时候建议提供他们一些可以学习网络营销的书籍和网站。

论坛推广最重要的一点，就是坚持不懈，因为起初是没有人会注意到帖子的，需要用自己的其他账号回复自己的帖子，慢慢把帖子炒得看似很火爆，才会有网民来讨论和提问。

贴吧协议及"七条底线"

实战4 使用微信营销

使用微信进行营销，需要将 QQ 好友、微博好友等一些对网络营销感兴趣的朋友都加进微信中，并设置微信信息，昵称设置为"营销达人"；头像放置笔者自己的头像；个性签名设置为"这里提供最适宜的网络营销学习书籍，欢迎大家购买，价格绝对实惠"。

1. 朋友圈的发布

设置完个人信息之后，就可以在朋友圈发布营销信息了。一般以推荐的方式来展现给大家的，这样没有很重的营销意味，可以很好地与微信好友进行推广和交流，如图 12-11 所示。

2. 摇一摇的利用

建议每天都利用摇一摇来推广这本书，摇到的人可以通过个性签名，看到这本书的推广信息，也可以主动向摇到的用户打招呼并发送推广信息。虽然效果不是很好，但只要坚持，总会摇到一部分兴趣相投的好友。

总的来说，微信营销对于广交好友来说非常有效，对于营销来说，就需要时间的积累才能达到显著的效果。大家要

图 12-11 微信朋友圈营销

项目12 实战案例——《网络营销——概念、工具、方法、实战》图书的推广与营销

记住"只要功夫深,铁杵也能磨成针!"

实战5　使用微博营销

微博是互联网中最能聚集网民的话题圈,热门话题几乎都是从微博上流传出去的,很多企业看中了微博营销的圈子,都纷纷运用微博来开展营销活动。微博营销的操作方法如下。

❶ 把微博账号设置得好一些,微博个人信息跟自己微信账号设定的个人信息是一致的,在微博里找一些搞笑的、权威的微博进行转发并评论,日积月累,账号等级就上升了。在这期间,建议广加好友,等好友达到一定数量的时候,开始筛选出一些无价值的好友并取消关注。

❷ 逐步发布一些微博营销的消息,建议在微博上先给博友们提供一些网络营销技巧,然后引出《网络营销——概念、工具、方法、实战》这本书,甚至可以加上链接和图片来丰富微博内容。

❸ 登录微博,开始发一篇营销博文,写好内容之后单击"发送"按钮,如图12-12所示。

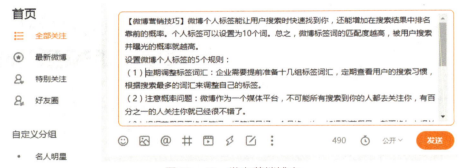

图12-12　发布营销博文

❹ 确定微博发出去以后,开始逛微博,看看当天的热门话题,然后选择人气最高的几个热门话题参与讨论和发布自我观点,从而提升账号的等级和引起博友们的关注。

微博营销面对的人群非常广泛,要善于发现好的微博并进行转发和评论,多多与网友们互动,但是微博内容不要经常围绕营销信息,这样很容易让网友反感。要善于利用微博多发布一些有价值的内容,从而达到营销的目的。

实战6　使用二维码营销

如今,二维码营销是企业做营销活动的宠儿,二维码随处可见,人们已经不能屏蔽二维码营销的影响,并且还乐于享受二维码带来的便利。

由此可见,二维码营销已经与人们的生活密不可分了,企业可以在百度上搜索"二维码生成器"并单击进入,如图12-13所示。

图 12-13　搜索二维码生成器

可以选择"网址"制作方式,这里放置《网络营销——概念、工具、方法、实战》这本书在当当网的店铺网址,并设置二维码外观、状态,保存二维码图片,如图 12-14 所示。人们看到此二维码,只要扫描,就可以在指定的网站在线购买。

图 12-14　制作网址二维码

设置好二维码之后,把二维码做成图片放置到各大社交平台中,如 QQ 空间、微博、微信等。

二维码制作还是非常简单的,二维码营销的效果还要取决于投放渠道,一般的社交平台都可以利用,如果资金比较充裕,把二维码放到报纸、杂志或宣传单上,效果就会更加显著。

参 考 文 献

[1] 金静梅. 网络营销——概念、工具、方法、实战［M］. 北京：北京理工大学出版社，2018.
[2] 许耿，李源彬. 网络营销从入门到精通［M］. 北京：人民邮电出版社，2019.
[3] 何晓兵，何杨平，王雅丽. 网络营销——基础、策略与工具（第2版）［M］. 北京：人民邮电出版社，2020.
[4] 千锋教育高教产品研发部. SEO搜索引擎优化基础＋案例＋实战［M］. 北京：人民邮电出版社，2020.
[5] 肖睿. SEO网站权重深度解析［M］. 北京：中国水利水电出版社，2017.
[6] 黑马程序员. 搜索引擎营销推广SEO优化＋SEM竞价［M］. 北京：人民邮电出版社，2018.
[7] 秦勇，陈爽. 网络营销理论、工具与方法［M］. 北京：人民邮电出版社，2017.
[8] 谭静. 微信朋友圈营销实战108招小圈子大生意［M］. 北京：人民邮电出版社，2018.
[9] 黑马程序员. 微信运营实战教程［M］. 北京：清华大学出版社，2020.
[10] 谭静. 短视频营销与运营实战108招，小视频大效果［M］. 北京：人民邮电出版社，2019.
[11] 梁芷曼. 软文营销［M］. 北京：人民邮电出版社，2018.
[12] 夏雪峰. APP营销应该这样做：一本书教你打造移动互联网时代的营销利器［M］. 北京：人民邮电出版社，2015.
[13] 刘伟. 一本书读懂APP营销（第2版）［M］. 北京：清华大学出版社，2017.
[14] 秋叶，萧秋水，刘勇. 微博营销与运营［M］. 北京：人民邮电出版社，2017.
[15] 中共中央宣传部. 习近平新时代中国特色社会主义思想三十讲［M］. 北京：学习出版社，2018.
[16] 刘望海. 新媒体营销与运营从入门到精通［M］. 北京：人民邮电出版社，2018.
[17] 龚铂洋，王易. 微信视频号内容、运营与商业化实践［M］. 北京：机械工业出版社，2021.
[18] 李俊，魏炜，马晓艳. 新媒体运营［M］. 北京：人民邮电出版社，2020.